젠슨 황
레볼루션

輝達黃仁勳 NVIDIA JENSEN HUANG
Copyright © 2024 by 伍忠賢 Wu Chung-Hsien
All rights reserved.

Korean translation copyright © 2024 by YEOUIDOCHACKBANG.
Korean edition published in agreement with China Times Publishing Company c/o
The Grayhawk Agency in association with Danny Hong Agency.

이 책의 한국어판 저작권은 대니홍 에이전시를 통한 저작권사와의 독점 계약으로 여의도책방에 있습니다.
저작권법에 의해 한국 내에서 보호를 받는 저작물이므로 무단전재와 복제를 금합니다.

젠슨 황
레볼루션

행동하는 아이디어로 문제를 해결하는 엔비디아 CEO 황의 법칙

우중셴 지음 | **김외현** 옮김

> 이 책을 읽기 전에

AI 시대 테크 기업인 젠슨 황은 영웅이 될 수 있나

· 김외현 ·

　많은 이들에게 2024년은 엔비디아에 울고 웃은 한 해로 기록될 것 같습니다. 1월 2일 종가 기준 48.17달러를 기록했던 엔비디아 주가는 상반기 내내 꾸준히 우상향을 기록하며 6월에 135달러를 넘겼습니다. 그러나 하락세로 8월 초 100달러 선을 내주더니 열흘 만에 다시 130달러 선을 회복했습니다.

　상승과 하락은 엔비디아 혼자 한 것이 아니었습니다. 엔비디아 시가총액은 2월에 아마존과 알파벳을 제치고 4위에 오르더니, 6월엔 잠시 1위를 차지했고 이후 줄곧 애플, 마이크로소프트와 더불어 빅3를 형성하고 있습니다.

　상반기 내내 미국 경제에서 다른 호재를 찾아내지 못한 투자자들은 엔비디아 그래프의 꾸준한 우상향에 환호하며 열중했습니다.

추격매수의 열기가 뜨거워질 때쯤 그래프가 꺾이면서 세계 곳곳에서 한숨도 터져 나왔습니다.

　기술 전문가들은 반도체와 AI의 미래를 전망했고, 경제 전문가들은 엔비디아의 생태계를 논했으며, 국제 전문가들은 미-중 갈등과 대만 반도체 산업을 이야기했습니다. 이전부터 엔비디아를 주시하던 서학개미들과 얼리 어답터뿐 아니라 모든 필부필부에게 엔비디아는 올해의 화두인 것 같습니다.

　젠슨 황에 대한 관심이 높아진 것도 그래서였습니다. 트레이드마크 같은 가죽재킷과 어느덧 하얗게 내려앉은 그의 백발을 보며 어떤 이들은 새로이 튀어나온 만화 주인공 같은 캐릭터라고 여기기도 하지만, 사실 그는 1990년대 게임기 그래픽 칩셋으로 엔비디아를 창업해 지금까지 일궈온 백전노장입니다. 30여 년 동안 게임기, 컴퓨터, 모바일 등이 얼마나 발전했는지를 생각하면 그의 이력이 짐작이 갑니다.

　게다가 엔비디아는 현재 AI 칩 시장 매출의 70퍼센트 이상을 차지하고 있고, 개발 툴인 CUDA를 통해 GPU의 범용성을 확장시켜 독점 체제를 공고히 했습니다. 챗GPT를 비롯한 생성형 AI가 많이 쓰일수록 엔비디아의 매출은 계속 늘어납니다. 젠슨 황은 도대체 어떤 사람이길래 이런 대박을 치는 건지 우리는 궁금할 수밖에 없습니다.

　『젠슨 황 레볼루션』을 한국에 소개하게 된 것도 이런 이유에서입니다. 국내에도 미국에도 그를 본격적으로 다룬 책이 없는 상황에서, 그가 태어난 고향 대만에서 그를 다룬 책이 나왔다는 것을 알게 되었습니다.

이 책은 젠슨 황의 삶과 경영 스타일에서 요점과 핵심을 추리고 서술합니다. 기존의 경영이론과 사회이론에 비추어 그가 어떤 유형의 경영인이자 리더인지를 분석하기도 합니다. 또한 젠슨 황이 영웅적인 혁신가 반열에 오를 수 있을 것인지, 그리고 대만 사람들이 그를 얼마나 사랑하고 자랑스러워하는지도 보여줍니다.

물론 그것이 젠슨 황의 전부는 아닐 수 있습니다. 당연하게도, 다른 인터뷰에는 나오지만 이 책에선 다루지 않는 일화도 많습니다.

이를테면 태국에 살던 시절, 8살이었던 젠슨 황은 수영장에 라이터 기름을 붓고는 거기에 불을 붙인 뒤 입수한 적이 있다고 합니다. 그는 "불이 붙은 게 너무 예뻤어요. 지금도 선명하게 기억나요"라면서, "저희 어머니가 그날 사진을 보시고는 '잘 뛰었네'라고 좋아하셨어요"라고 말했습니다. 젠슨 황의 남다른 과감성과 어머니의 성격을 엿볼 수 있는 장면입니다.

얼마 전 팟캐스트에 출연한 젠슨 황에게 '만약 오늘 서른 살이고 창업을 생각 중이라면 무엇을 시작하겠냐'는 질문이 들어왔는데, "창업을 하지 않을 것"이라고 답한 일도 있었습니다. 젠슨 황은 "지금 아는 것들을 그때 알았다면 창업이 너무 겁이 나고 두려웠을 것"이라고 설명했습니다. 회사를 운영해 오면서 겪은 시련이 얼마나 힘들었는지를 보여주는 대목이지만, 그럼에도 "만약 엔비디아가 지금처럼 될 거라는 걸 알았다면, 몸을 바쳐서 했을 것"이라고 덧붙였습니다.

이처럼 이 책의 그물을 벗어난 이야기가 무궁무진하다는 한계를 절감하면서도, 아무쪼록 이 책이 젠슨 황에 대한 여러분의 이해를 도울 수 있기를 바랍니다.

추가로, 책의 마지막에 원서에는 없는 내용을 부록으로 담았습니다. 지난 6월 타이베이 컴퓨터 박람회 기조연설 내용입니다. 연설은 가까운 미래에 등장하게 될 기술의 변화 트렌드, 그리고 엔비디아가 그 안에서 어떤 역할을 맡을지에 관한 것이었습니다. 젠슨 황이 직접 말하는 엔비디아의 비전인 셈입니다. 이를 통해 본문에 등장하는 기술과 개념들이 어떻게 연결되는지 젠슨 황의 입을 통해 들을 수 있을 것입니다.

첫 페이지를 시작하기 전에 여러분께 화두를 하나 드립니다. 젠슨 황은 우리가 사는 시대를 장식하는 테크 기업인이 될 수 있을까요? 스티브 잡스, 빌 게이츠, 제프 베조스, 마크 저커버그, 일론 머스크 등의 반열에 젠슨 황의 이름을 올려도 좋을까요? 지금 한번 답을 생각해보시고, 이 책을 다 읽으셨을 때 같은 질문을 되새겨 보시기 바랍니다.

젠슨 황의 세계로 오신 것을 환영합니다.

여는 글

인공지능 칩의 황제
엔비디아 젠슨 황의 성공 비결

• 우중셴 •

　전 세계적으로 대략 10년에 한 번씩 슈퍼스타 기업인이 탄생합니다. 2000년대에는 애플의 스티브 잡스가, 2010년대에는 테슬라의 일론 머스크가 있었습니다. 그리고 2023년 5월 24일, 엔비디아의 젠슨 황이 등장했습니다.

　인공지능 열풍과 함께 젠슨 황의 인기는 미국, 중국, 유럽 등지로 퍼져나갔습니다. 그는 대만계 미국인으로, 영어는 기본이고 표준중국어에 민남어까지 구사합니다. 그는 대만에서 슈퍼스타 같은 인기를 얻어 '대만의 빛(자랑)'으로 불립니다.

　이 책을 읽으실 때는 다음 세 가지 측면을 참고해 주시기 바랍니다.

1. 세대를 아우르는 내용

이 책의 목표 독자층은 고등학생부터 상장기업 회장, 투자자까지 폭넓습니다. 이를 위해 젠슨 황의 성장 과정부터 기업인으로서의 도전과 성취까지를 다뤘습니다.

2. 원문 그대로 표현

젠슨 황은 대부분 인터뷰에서 영어로 답변합니다. 때로 젠슨 황의 말투를 그대로 옮기기 위해 원문을 병기하였습니다.

3. 1차 자료의 출처 안내

2007년 7월부터 젠슨 황은 미국 언론의 주목을 받아 많은 인터뷰를 했습니다. 덕분에 인터넷 여기저기에 젠슨 황의 인터뷰 기사와 영상이 많이 돌아다닙니다. 하지만 날짜나 맥락에 대해서는 잘 언급하지 않고, 때로는 맥락을 알지 못해 이해하기 어렵습니다. 그의 발언 중 절반은 매년 3월 중순에 열리는 엔비디아 GPU 기술 컨퍼런스(GTC) 연설에서 나옵니다. 이 책은 1차 자료인 컨퍼런스 연설 내용을 충실히 담았습니다. 또한 인터뷰 등의 시공간적 배경을 명확히 하고 해석을 더했습니다.

저는 대만정치대학교에서 경영학 박사 학위를 받았고, 23년간 대학에서 교수 생활을 했습니다. 그리고 리완리 혁신 이사, 렌화식품 재무이사, 타이산 회장 비서실장, 마마타식품 대표이사 등으로 일하며 실무 경험을 쌓았습니다. 이런 저의 이론적 배경과 경험을 녹여 38년간 교과서 50권을 포함한 100여 권의 책을 집필하기도 했습니다.

    천리마는 항상 있지만, 백락처럼 명마를 알아보는 사람이 언제나 있는 것은 아닙니다. 이 책이 많은 분들의 '욕망과 야망'을 자극할 수 있기를 진심으로 바랍니다.

차례

이 책을 읽기 전에　**AI 시대 테크 기업인 젠슨 황은 영웅이 될 수 있나** • 004

여는 글　**인공지능 침의 황제 엔비디아 젠슨 황의 성공 비결** • 008

1장　**엔비디아 CEO 황의 야망 실현법**

1-1 시가 총액 1조 달러 돌파, 새로운 억만장자의 탄생 • 019

1-2 잡스, 머스크 이후의 현상급 기업가 젠슨 황 • 024

1-3 욕망과 야망을 갖고 삶에 전념하라 • 028

1-4 기회의 땅에서 부모의 꿈을 넘어서다 • 034

1-5 엔비디아에 닻을 내릴 단단한 낙하산을 펼치다 • 040

1-6 태도 하나로 외로움과 가난을 돌파하다 • 045

2장 젠슨 황의 성공 10계명

2-1 가장 중요한 일을 후회 없이 하라, 그것이 성공이다 • 057

2-2 엔지니어에서 영업자로, 변화에 두려움은 없다 • 062

2-3 젠슨 황이 여름에도 가죽 재킷을 입는 이유 • 065

2-4 트렌드는 읽어내는 것을 넘어 선점해야 돈이 된다 • 075

2-5 긍정적으로 돌파하되 이길 수 없다면 철수하라 • 078

2-6 실패를 실수로 받아들일 때 성공에 가까워진다 • 086

2-7 노력은 실행의 에너지로 쓸 때 값어치가 있다 • 096

2-8 주가 100달러 돌파, 엔비디아 문신을 왼쪽 팔에 새기다 • 098

2-9 살아남으려는 의지가 망하게 하려는 모든 의지보다 강하다 • 101

2-10 최장 기간 CEO 자리를 지킨 명랑한 일 중독자 • 107

3장 한계를 넘어서는 젠슨 황의 아이디어 실행력

3-1 IT 발전의 끝은 AI, 우리는 어디에 있는가 • 121

3-2 판별식 AI에서 생성형 AI로, 무엇이 인간을 대체하는가 • 126

3-3 인공지능 하드웨어의 상류, 칩을 설계하는 엔비디아 • 131

3-4 글로벌 IT 기업, 인공지능을 서비스하다 • 134

3-5 무엇이 엔비디아의 우월한 이익을 만드는가 • 136

3-6 폭발적인 성장, 새로운 거인의 등장 • 140

3-7 엔비디아는 어디까지 성장할까 • 146

4장 억만장자가 된 기업가의 원칙

4-1 올바른 시작이 성공의 절반이다 • 151

4-2 새로운 유형의 현상급 기업가 젠슨 황 • 154

4-3 기술, 전략을 뛰어넘는 젠슨 황의 독보적 인간관계력 • 162

4-4 학력과 경력으로는 뒤지지 않는다 • 166

4-5 특별한 인재와 회사는 특별한 일을 해야 한다 • 170

4-6 GPU부터 AI까지, 혁신은 멈추지 않는다 • 174

4-7 준비된 자세로 2013년 AI 원년을 맞은 엔비디아 • 178

4-8 기술과 환경의 변화에 회사의 방향을 맞추다 • 185

4-9 사장에게 충고하라, 감사와 칭찬으로 답할 것이다 • 191

4-10 후발 주자보다 10년은 앞서야 선점한다 • 194

5장 CEO 젠슨 황의 기술력을 넘어선 실행력

5-1 실행만이 기업을 만들고 키운다 • 203

5-2 직원이 인정하는 회사가 탁월한 성공을 이룬다 • 205

5-3 엔비디아 직원은 회사의 조직관리에 만족할까 • 209

5-4 적극적이고 즐겁게 일할 수 있는 환경의 엔비디아 • 211

5-5 직원의 공감이 A+ CEO 젠슨 황을 만들다 • 213

5-6 유연한 리더십이 유능한 팀을 만든다 • 216

5-7 엔비디아에서는 누구나 모두에게 직언할 수 있습니다 • 220

5-8 서로 신뢰하는 팀워크가 엔비디아 성공의 비결 • 223

5-9 모두 이메일로 보내세요, 보고서는 필요 없습니다 • 227

5-10 진짜로 이끌어야 진짜로 이끌린다 • 232

6장 엔비디아의 '인간 지능' 관리법

6-1 무엇이 일당백의 생산성을 만드는가 • 239

6-2 실적과 인간관계를 위해 출근합니다 • 243

6-3 엔비디아가 일하는 사람을 관리하는 방식 • 247

6-4 엔비디아형 인간의 조건 • 254

6-5 꿈의 직장으로 오세요, 다양성과 포용성을 보장합니다 • 258

6-6 그 문제를 어떻게 해결할 건가요? • 263

6-7 당신은 창의적이고 열정적인, 냉정한 문제 해결자입니까? • 266

7장 젠슨 황이 '사람'을 키우는 법

7-1 새 직원이 회사에 적응할 수 있게 적극적으로 돕는다 • 271

7-2 일류 인재에게 최고 수준의 급여를 제공한다 • 275

7-3 모든 직원이 회사에서 평생 발전할 수 있도록 한다 • 277

7-4 특별한 환경의 직원들을 특별하게 지원한다 • 280

7-5 멘토는 없습니다만, 원하는 직무로 일하는 경험은 제공합니다 • 283

7-6 계속 함께 일하기 위해 노력한다 • 286

7-7 위기 상황에서 직원의 신뢰를 얻는 방법 • 290

7-8 친구에게도 입사를 추천하고 싶은 회사를 만든다 • 294

닫는 글   당신의 야망을 실현하라 • 298
부록   타이베이 컴퓨터 박람회 2024 기조연설 • 299

일러두기

―

각주는 모두 옮긴이 주입니다.

1장

엔비디아 CEO 황의
야망 실현법

꿈은 꾸는 것이 아니라 이루는 것이다

성공하기 위해서는 다양한 능력과 자질을 갖추어야 합니다. 이는 어릴 때 집과 학교에서 시작되어, 커서는 직장과 체육관 등에서 이어지며, 많은 노력과 자기 절제를 통해 점진적으로 형성됩니다.

'작은 것에서 큰 것을 본다'는 말이 있습니다. 1장에서는 현 시대를 주도하는 탁월한 기업가의 어린 시절, 청소년기, 청년기를 이해해 보려고 합니다. 이 과정을 통해 우리는 젠슨 황이 도전을 어떻게 받아들였고, 어떤 경험을 쌓았으며, 어떠한 방식으로 취업과 창업의 성공을 다졌는지 알게 될 것입니다.

1-1

시가 총액 1조 달러 돌파, 새로운 억만장자의 탄생

한 개인의 사업과 투자 성공을 나타내는 가장 직접적인 지표는 재산입니다. 예를 들어 2020년부터 세계 최고 부자는 주로 일론 머스크(Elon R. Musk)가 꼽혔습니다.

2023년 5월 25일, 엔비디아의 시가총액이 1조 달러를 돌파했습니다. 이는 전 세계에서 일곱 번째로 이룬 성과로,「월스트리트저널」등 주요 매체들이 모두 보도할 만큼 세계적으로 큰 사선이었습니다. 이 덕분에 엔비디아의 CEO 젠슨 황의 재산은 421억 달러(약 58조 3000억 원)에 달하게 되었습니다. 전 세계 81억 인구 중 서른두 번째로 많은 재산입니다. 이는 맨손으로 시작한 이민자 출신 아시아계 미국인으로서는 매우 드문 일입니다.

1. 전 세계 시가총액 6위 엔비디아

기업가의 재산은 주로 보유 주식의 시가총액에서 나옵니다. 2023년 9월 현재 엔비디아의 시가총액은 전 세계 6위입니다.* 시가총액은 주가에 따라 변하지만, 순위는 비교적 안정적입니다.

◈ 갑자기 나타난 낯선 이름, 엔비디아

세계 재산 순위는 다음 페이지 표에서 볼 수 있습니다. 3위인 사우디 아람코를 제외하면 대부분 잘 알려진 기업들입니다. 이제는 익숙하지만 가장 생소했던 기업이 6위인 엔비디아입니다. 2023 회계연도(2022.2~2023.1) 엔비디아의 매출은 270억 달러였습니다. 이는 애플의 2022년 매출 3943억 달러의 7퍼센트에 불과합니다. 하지만 2023년 9월 엔비디아의 시가총액은 1조 2200억 달러에 달했습니다. 이는 애플 시가총액의 42퍼센트에 해당합니다.

현재 많은 월가 분석가들은 2026년 엔비디아 주가를 1534달러로 예측합니다. 시가총액은 3조 달러를 넘을 것으로 예상합니

---

* 이후 엔비디아의 주가는 꾸준히 올랐고, 2024년 6월 들어 시가총액이 3조 달러를 넘어섰습니다. 이후 애플, 마이크로소프트와 1~3위를 놓고 엎치락뒤치락하다가 6월 18일 처음으로 시가총액 1위에 등극했습니다.

글로벌 증시 시가총액 10대 기업

(2023년 9월)

순위	나라	분야	기업명	주가 (달러)	주식 (주)	시가총액 (달러)
1	미국	IT	애플	196	157억 6000만	2조 9000억
2	미국	IT	MS	336	74억 3150만	2조 4970억
3	사우디아라비아	석유화학	사우디 아람코	32.4	645억	2조 900억
4	미국	인터넷	알파벳	133	126억 8000만	1조 6870억
5	미국	전자상거래	아마존	133	103억	1조 3710억
6	미국	IT	엔비디아	488	24억 7000만	1조 2200억
7	미국	자동차	테슬라	267	31억 7400만	8476억
8	미국	인터넷	메타	319	25억 7000만	8160억
9	미국	금융	버크셔 해서웨이	352	21억 8700만	7700억
10	대만	IT	TSMC	100	51억 4100만	5142억

출처: Coin price forecast, nvidia stock forecast 2023~2025~2030 참조

다. 이는 놀라운 성장세입니다. (출처: Coin price forecast, 엔비디아 주가 전망 2023~2025~2030)

◈ **시가총액 1조 달러 달성**

시가총액은 주가와 주식 개수를 곱해 얻은 값입니다. 전 세계에서 시가총액 1조 달러를 안정적으로 유지하는 기업은 여섯 곳뿐입니다. 엔비디아도 2023년 5월 30일에야 1조 달러를 달성했습니다.

2. 젠슨 황의 재산

「포브스」(Forbes) 같은 대부분의 경제 매체는 매년 4월 기업인들의 재산을 집계합니다. 그러나 미국 「블룸버그」(Bloomberg)는 전 세계 500대 부자 자료를 매일 갱신하는 '억만장자 지수'를 제공합니다. 자세한 계산 방식은 다음과 같습니다.

주가 X 주식 수 X 지분율 = 기업인의 재산

이 공식으로 젠슨 황이 보유한 엔비디아 주식의 자산 가치(Net

worth)를 계산해 볼 수 있습니다. 주가는 매일 달라지므로 2023년 9월 기준 488달러로 설정하겠습니다. 지분율은 미국의 시장조사 기관 「인베스토피디아닷컴」(Investopedia.com)과 「CNN 비즈니스」(CNN Business)에서 공개한 지분율인 3.5퍼센트를 기준으로 하겠습니다.

주가 X 주식 수 X 지분율 = 488달러 x 24억 7000만 주 X 3.5퍼센트 = 1조 1540억 달러 X 3.5퍼센트 = 421억 달러

엄청난 숫자가 나왔습니다. 2023년 8월 기준 그의 재산은 약 421억 달러입니다. 순위로 따지면 전 세계에서 서른두 번째 부자입니다.*

---

* 2024년 5월 23일 엔비디아 주가가 1000달러를 돌파했습니다. 「블룸버그」 억만장자 지수에 따르면 2024년 6월 6일 기준 젠슨 황의 자산은 1063억 달러(약 145조 3000억 원)로 세계 13위입니다.

1-2

잡스, 머스크 이후의
현상급 기업가 젠슨 황

전 세계 부자들의 약 33퍼센트는 가문의 재산을 상속받아 부를 이뤘습니다. 미국 400대 부자 중 17~18위 정도인 월마트 창업자 샘 월턴의 네 자녀가 대표적인 예입니다. 나머지 67퍼센트는 자수성가한 사람들입니다.

부자일 뿐만 아니라 현상급 기업가(Phenomenal Entrepreneur) 수준에 도달한 인물이라면, 다음 표에서 보듯이 20세기 말부터 21세기까지 최소 세 명을 들 수 있습니다. 젠슨 황은 애플의 스티브 잡스(Steven Jobs), 테슬라의 일론 머스크에 이어 새로이 부상한 현상급 기업가입니다.

1. 하나의 성공만으로는 충분치 않다

'부자'와 '기업가'라는 말을 들으니 앞서 언급한 세 명 말고도 다른 이름들이 떠오르시나요? 다음의 기업가들도 세계적으로 유명합니다.

이름	기업 설립	재산	부자 순위
래리 엘리슨 (Lawrence Ellison)	1977년 오라클	약 1475억 달러	세계 4위
빌 게이츠 (William Gates)	1975년 마이크로소프트	약 1200억 달러	세계 5위
마크 저커버그 (Mark Zuckerberg)	2004년 페이스북	약 1130억 달러	세계 17위

출처: 「포브스」 세계 실시간 억만장자(THE WORLD'S REAL-TIME BILLIONAIRES)

하지만 이들은 대개 하나의 제품으로 유명할 뿐입니다. 세상을 떠들썩하게 만든 킬러 제품을 여러 개 출시하지는 못했지요. 그렇기에 현상급 기업가 수준에 도달했다고 하기는 부족합니다.

2. 세상을 놀라게 한 혁신

현상급 기업가 3인은 회사에 엄청난 경영 실적을 안겼습니다. 여기에는 회사의 브랜드 가치, 시가총액 등이 포함됩니다. 이는 동시에 그들 자신의 재산에도 막대한 기여를 했습니다.

인물	스티브 잡스	일론 머스크	젠슨 황
기업	애플	테슬라	엔비디아
상품	스마트폰	전기차	AI 칩
시기	1997년 이후	2017년 이후	2023년 이후
영업이익	2001년부터 IT 기업 영업이익 세계 최대	2022년 미국 「포춘」 500대 기업 24위	영업이익 270억 달러, 「포춘」 1000대 기업에도 못 들어감
브랜드 가치	1위	12위	58위
시가 총액	2023년 3조 2000억 달러 (나스닥 시총의 12.2퍼센트)	2023년 8500억 달러 (최고가는 2021년 11월 4일 1조 610억 달러)	2023년 1조 2200억 달러 (나스닥 시총의 4.45퍼센트)
글로벌 지위	1위 (2018년)	6위 (2022년)	6위 (2023년)
개인 총 재산	애플 주식 50만 주	약 2000억 달러 (2023년)	약 421억 달러 (2023년)

| 글로벌 지위 | – | 「포브스」 선정 세계 최대 부자 | 「블룸버그」 빌리어네어 지수 32위 |

출처: Market Capitalization, 2023

1-3

욕망과 야망을 갖고
삶에 전념하라

2023년 5월 27일 오전 9시, 젠슨 황의 대만 첫 공개 활동은 대만대학교 졸업식 연설이었습니다. 이 연설을 애플의 스티브 잡스가 했던 유명한 졸업식 연설과 비교하면 흥미롭습니다.

1. 2005년 스티브 잡스의 연설

많은 사람들이 기업인들의 대학 졸업식 연설 가운데 최고의 명연설을 꼽으라면, 애플의 스티브 잡스가 2005년 6월 12일 캘리포니아 스탠퍼드대학교에서 한 연설을 이야기합니다. 그는 이렇게 말했습니다.

계속 배고파야 하고, 계속 어리석어야 한다.

Stay Hungry, Stay Foolish.

저는 이 말이 배고픈 듯이 지식을 구하고, 어리석은 듯이 마음을 비우라는 것으로 들렸습니다. 사회 진출을 앞둔 학생들에게 계속해서 지금처럼 새로움을 갈구하고, 창조해 나가라는 뜻일 것입니다.

2. 2023년 젠슨 황의 연설

젠슨 황은 엔비디아의 창업에 관해 이야기하면서 이러한 메시지를 전달했습니다.

걷지 말고 뛰어라.

Run, don't walk.

포식자가 되어라, 먹이가 되지 말라.

Either you're running for food, or running from being food.

저는 이 말을 창업이라는 전쟁터에 설 때에는 학생의 마음으로는 부족하다는 뜻으로 들었습니다. 지금부터 학교라는 울타리 밖에 서게 될 학생들에게 강한 의지와 태도를 유지하라는 경고이자 권고일 것입니다. 야생의 삶에서 살아남기 위해서는 걷기보다 뛰어야 하고, 잡아먹히지 않으려면 잡아먹어야 하니까요.

3. 대만에 대한 애정 표현

2023년 대만대학교 졸업식날 무대에 오른 젠슨 황은 먼저 대만어*로 "여러분 안녕하세요"(大家好)라고 인사했습니다. 이어서 대만어로 이렇게 말했습니다.

"여러분께 대만어로 말하려 했지만, 생각할수록 긴장이 됐어요. 제가 미국에서 자랐기 때문에 대만어를 잘하지 못합니다. 그래서 오늘은 영어로 말씀드리겠습니다. 괜찮으시죠?"

이후 그는 영어로 바꾸어 연설을 이어갔습니다.

젠슨 황의 부모님과 형도 객석에서 연설을 들었습니다. 연설

---

*   대만에서는 학교 교육 등 공식 석상에서는 중국 본토식 중국어를 사용하며, 이날 젠슨 황도 첫 인사는 중국어로 했습니다. 하지만 이후 영어로 바꿀 때까지 젠슨 황은 중국어가 아니라 대만 지역 고유어인 민남어(閩南語)로 말했습니다.

이 끝나자 그와 기념사진을 찍으려는 졸업생들이 몰려들었습니다.

4. 젠슨 황 20분 연설의 구성

다음은 젠슨 황 연설의 요점을 정리한 내용입니다. 총 여섯 가지입니다.

◈ **욕망과 야망을 가져라**

직장에 들어가면, 의미 있는 삶을 위해 전념하고 인생과 경력에 매진하세요.

◈ **끊임없이 배워라**

1980년 이후 세계는 4단계의 정보통신을 경험했습니다. 개인용 컴퓨터, 인터넷, 모바일 기기(노트북, 휴대폰)의 클라우드 컴퓨팅, 그리고 인공지능입니다. 우리 세대는 개인용 컴퓨터와 칩 혁명을 경험했습니다.

여러분이 직장에 입사하면 인공지능이 시작되는 시기를 맞이할 것입니다. 모든 산업이 혁명적 변화와 재탄생을 겪을 것입니다. 준비하시기 바랍니다.

◈ 모험 앞에서 용감해져라

졸업식 날은 졸업생 부모의 꿈이 실현되는 날입니다. 여러분은 빨리 (부모님 집에서) 나가야 합니다.

◈ 노력해야 한다

아프리카 초원의 동물을 비유하자면, 육식동물은 먹이를 잡기 위해 달리고 초식동물은 먹이가 되지 않기 위해 필사적으로 달립니다. 어떤 상황이든 모두 목숨을 걸고 달리는 것입니다.

마찬가지로 인생도 그렇습니다. 적극적으로 발전을 추구하든, 단지 대체되지 않고 스스로의 일자리를 지키려 하든, 필사적으로 달려야 합니다.

◈ 좌절은 극복하라

1993년 엔비디아 창립에는 많은 어려움이 있었습니다. 나의 창업 과정은 수치스러운 실패로 가득했고, 회사는 거의 도산할 뻔했습니다. 이 과정에서 배운 교훈 세 가지를 알려드리겠습니다. 대만대학교 학생들처럼 똑똑하고 성적 좋은 이들에게는 쉽지 않을 수 있습니다.

첫째, 인생에서 겸손한 마음으로 실수를 대하고 도움을 구해야 합니다.

둘째, 버려야 얻을 수 있습니다. 포기하는 것과 결정하고 행동하는 것은 똑같이 중요합니다.

셋째, 목표에 도달하기 전에는 실패의 고통을 견뎌야 합니다.

◈ 끝까지 인내하고 선을 지켜라

꿈을 실현하려면, 고통과 고난을 견디고 큰 희생을 해야 합니다.

젠슨 황의 연설은 그의 생각을 온전히 보여주었습니다. 특히 성공을 위한 여섯 가지 방법은 젠슨 황의 성장 과정을 설명해 주기도 했습니다.

1-4

기회의 땅에서
부모의 꿈을 넘어서다

젠슨 황은 대만 타이난 사람입니다. 1963년 2월 17일에 태어났으며, 아홉 살 때 미국으로 이민을 갔습니다. 이민은 부모님의 '아메리칸 드림'에서 비롯한 것입니다. 이후 젠슨 황 부부 또한 자녀들의 '월드 드림'을 열어주었습니다.

1. 가족

◈ **아버지: 황싱타이**(黃興泰)

대만 타이난시 청궁대학교에서 화학공학을 전공했습니다. 미국 기업인 캐리어 글로벌(Carrier Global Co.)에서 일했습니다.

1960년대 말 미국 본사 직원연수에 참가한 후 가족 전체의 미국 이민을 결심했습니다.

◈ 어머니: 뤄차이슈(羅采秀)

대만 타이난 출신으로, 직업은 초등학교 교사였습니다. AMD 의장 리사 수(蘇姿丰)의 고모할머니[*]입니다.

◈ 형제

젠슨 황에게는 형과 동생이 한 명씩 있습니다.

형은 1962년 생으로 젠슨 황과 한 살 터울입니다. 열 살 때 젠슨 황과 함께 미국으로 이민했습니다.

2. 아메리칸 드림

◈ 문제

1967년, 황성타이는 가족과 함께 태국으로 이주해 일하며 생활했습니다. 그런데 1970년대 초 태국 사회에 불안이 고조되

---

[*] 리사 수의 조부 뤄보무(羅伯沐)는 첫째이고, 젠슨 황의 모친 뤄차이슈는 열두째입니다. 뤄보무와 뤄차이슈는 열여덟 살 차이가 납니다.

었습니다. 거센 민주화 운동이 일어났고, 다른 나라와의 전쟁 위험도 존재했습니다.

◆ 해결책

1969년 즈음, 황싱타이는 미국에서 직원 연수를 받으며 '아메리칸 드림'이 진짜임을 직접 목격했습니다. 두 아들에게 아메리칸 드림을 이뤄주기 위해 미국 이민을 결심했습니다.

1972년, 두 아들을 우선 미국의 외삼촌 집에 맡겼습니다. 하지만 그 집안도 형편이 좋지 않아 두 형제는 켄터키주의 기숙학교에서 2년을 지냈습니다.

1974년께 황싱타이 부부가 이민 절차를 마치고 미국 오리건주에 도착했습니다.

◆ '아메리칸 드림'의 의미

1931년, 미국의 유명 작가 제임스 아담스(James T. Adams)는 『미국의 서사시』(The Epic of America)라는 책에서 아메리칸 드림을 다음과 같이 정의했습니다.

"사회적 지위나 출신 환경에 관계없이, 모든 이에게 능력이나 성과에 따라 기회가 주어지며, 모두의 삶이 더 나아지고, 더 풍요로워지며, 더 충실해지는 꿈의 땅."

3. 가계도

많은 매체들이 젠슨 황의 가계도를 작성했는데, 그의 어머니 뤄차이슈를 통해 두 개의 주목할 만한 연결고리를 찾을 수 있습니다.

◈ 젠슨 황은 '반도체 퀸 리사 수'의 외숙부*

2018년 한국의 「조선일보」가 리사 수에게 이 사실을 물었을 때, 리사 수는 처음에 "아니다"라고 했지만, 나중에 가계도를 확인한 후 인정했습니다.

◈ 타이난방 허우위리 가문과의 관계**

젠슨 황의 사촌 누나 쑤진첸(蘇錦倩)이 타이난방의 창시자 허우위리(候雨利)의 장손 허우보이(候博義) 유니버설시멘트 회장과 결혼했습니다.

---

* 젠슨 황은 1963년생이고 리사 수는 1969년생입니다. 서로 여섯 살 차이밖에 나지 않지만, 두 사람은 숙부-조카의 5촌 관계입니다.

** 중국어권에서는 정치적, 경제적 목적을 위해 결성된 모임에 '방(幫)'이라는 글자를 붙이는 경우가 많습니다. 타이난방(臺南幫)은 일제 치하 시절부터 시작된 타이난시 경제인들의 모임으로, 대만에서는 전국적으로 명성과 영향력이 있습니다. 허우위리는 타이난방 결성을 주도한 핵심인물입니다.

젠슨 황 가계도

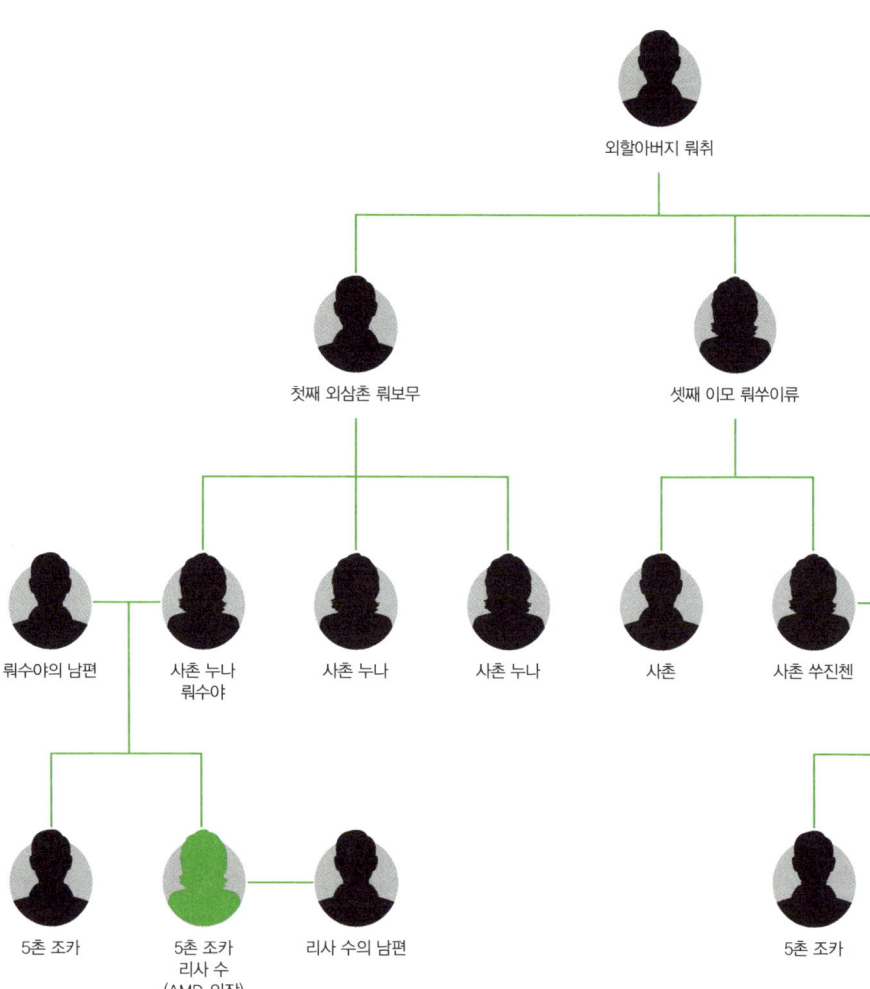

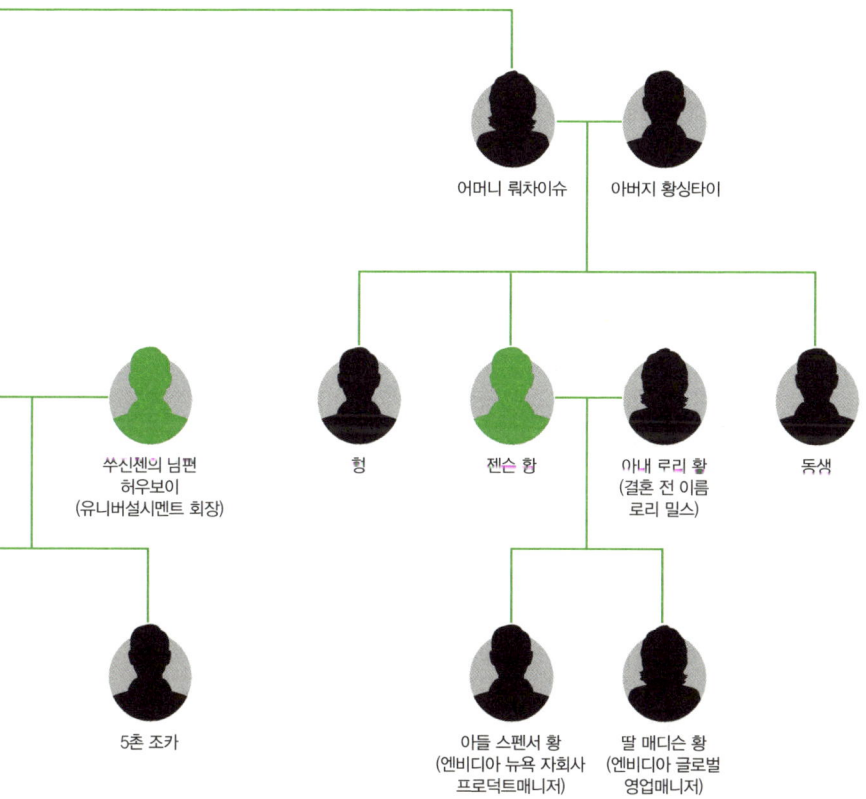

1-5

엔비디아에 닻을 내릴
단단한 낙하산을 펼치다

젠슨 황의 가계도를 보면, 그의 자녀들이 모두 엔비디아에 재직 중임을 알 수 있습니다. 이는 미래의 후계자로 키우려는 의도로 보입니다. 두 자녀 모두 경영학을 전공했습니다.

대만 대기업 중 최소 세 곳이 현재 후계자 경영수업을 하고 있습니다. 이런 관점에서 보면, 젠슨 황은 의도적으로 자녀들을 외부에서 먼저 단련시킨 후 엔비디아에 입사시킨 것으로 보입니다. 이유는 다양합니다. 다른 국가, 업종, 회사에서의 경험을 통해 국제적 시각, 산업 분석 능력, 회사 전문 기술 등을 키울 수 있습니다. 또한 자신의 실력을 증명한 후 엔비디아에 들어가면, '낙하산' 또는 '헬리콥터'라는 비판이 덜할 것입니다.

1. 아들: 스펜서 황

◈ 대만에서 보낸 시간

2010년 5~8월, 스펜서 황(黃勝斌)은 엔비디아 대만 지사에서 인턴십을 했습니다. 이후 대만대학교 중국어학당에서 1년 동안 공부했습니다. 2010년 11월부터 2021년 4월까지 타이베이 신이구의 술집 두 곳에서 일했습니다. 특히 2015년부터 약 6년 동안 친구와 함께 '알앤디 칵테일 랩'(R&D Cocktail Lab)이라는 술집을 운영했고, 개업 첫 해 「포브스」가 선정한 아시아 50대 최고 술집에 포함되었습니다. 이후 이 술집은 양도했습니다. 아마도 코로나19 팬데믹의 영향 때문으로 보입니다.

◈ 엔비디아 입사

스펜서 황은 2022년 7월부터 엔비디아 뉴욕 자회사의 프로덕트 매니저로 일하고 있습니다.

2. 딸: 매디슨 황

◆ 학력

● 학사: 매디슨 황(黃敏珊)은 미국컬리너리인스티튜트*에 다녔습니다. 미국 내 상위권 대학은 아니며, 학비는 스탠퍼드대학교(5만 6200달러)의 60퍼센트 수준입니다.

● 석사: 프랑스 루이비통 그룹에서 3년 8개월 일한 뒤, 영국 런던비즈니스스쿨에서 경영학 석사를 취득했습니다.

● 명문대 고위급 과정: 여름학기 과정은 대체로 2~4주 동안 주말에 수업하며 학비는 약 3000달러입니다. 2018~2019년 영국과 미국의 일류 대학에서 여름학기 과정 세 개를 수강했습니다.

● 2018년: 런던정치경제대학교에서 의사결정의 데이터 과학을 공부했습니다.

● 2019년: 미국 매사추세츠공과대학교(MIT) 경영대학원에서 인공지능의 기업 전략 응용을 공부했습니다.

---

* 'The Culinary Institute of America(CIA)'는 한국어로 직역해 미국요리학교로 불리기도 합니다. 1946년에 2차 세계대전 참전용사의 직업교육을 위해 세워졌으며, 지금은 미국 최고의 명문 요리학교로 성장했습니다. 뉴욕의 본교 외에도 캘리포니아와 텍사스에 분교가 있고, 싱가포르에도 분교가 있습니다.

◈ **경력**

매디슨 황의 링크드인(LinkedIn) 소개글을 보면, 루이비통 재직 당시 대개 프랑스 파리에서 일했으며, 루이비통 계열의 호텔 업무를 담당하지는 않았습니다.

플로리다 마이애미, 대만(스펜서 황이 운영했던 술집), 캘리포니아 샌프란시스코 등에서 의뢰를 받아 프리랜서로 일한 기록도 있습니다.

3. 자녀의 경력이 보여주는 것

◈ **역시나 미국인**

미국인들은 자녀에게 독립하기를 권하며, 다른 나라에서 일해보라고도 합니다. 젠슨 황의 가족도 마찬가지입니다.

◈ **금수저**

젠슨 황의 엔비디아는 1997년 NV3 칩 출시에 성공하며 궤도에 올랐습니다. 당시 그의 자녀들은 겨우 일곱 살, 여섯 살이었습니다. 2008년에 자녀들이 대학에 다니기 시작했을 때는 젠슨 황의 지원이 있었을 것으로 보입니다.

| 젠슨 황 두 자녀의 약력 |

	스펜서 황	매디슨 황
출생	1990년	1991년
현직	엔비디아 뉴욕 자회사 프로덕트 매니저(2022.7~)	엔비디아 메타버스 프로덕트 매니지먼트 총괄(2021.5~)
경력	• 주점 운영: 타이베이시 주점 알앤디 칵테일 랩(2015~2021) • 타이베이 주점 온스(Ounce) 종업원(2013.4~2014.3) • 와치 뉴스(WACHI News) 컨설팅/홈페이지 관리 (2010.11~2012.1) • 엔비디아 촬영 보조(2008.11), 인턴(2010.5)	• 엔비디아 광고 매니지먼트 (2020.9~2021.5) • 프랑스 루이비통 영업 관리 (2015.6~2019.2) • 프리랜서 브랜드 컨설팅 등 (2014.10~2015.10)
학력	• 대만대학교 중국어학당 (2012~2013) • 미국 시카고 컬럼비아칼리지 복수전공 (경영학/문화연구, 2008~2012)	• 영국 런던비즈니스스쿨 경영학 석사, 전략 매니지먼트 (2019~2021) • MIT 인공지능 전략응용 과정, 두 차례(2018~2019) • 미국컬리너리인스티튜트 (경영학, 2009~2011)

1-6

태도 하나로 외로움과
가난을 돌파하다

    2005년 3월, 중국 본토에서 TV 드라마 〈소년 강희〉가 방영되었습니다. 이 드라마는 거의 매년 재방영됩니다. 배우 덩차오(鄧超)가 청나라 강희제의 소년 시절을 연기해 유명해졌고, 또 다른 주인공 류위안위안(劉圓圓)도 이 드라마로 인기를 얻었습니다. 역사적 영웅의 소년 시절이 사람들에게 많은 감흥을 일으켰기 때문일 것입니다. 마찬가지로 엔비디아 젠슨 황이 소년 시절(7-17세)에 보여주는 성공 10계명도 매우 흥미롭습니다.

1. 꿈꾸었다면 매진하라

◈ 부모님이 선사한 아메리칸 드림

2018년 5월 6일, 미국 CNBC '매드 머니'(Mad Money)의 진행자 짐 크레이머(Jim Cramer)가 과거 젠슨 황과의 인터뷰 장면들을 모아 특집을 내보냈습니다.

1972년 부모님이 그와 형을 미국으로 보낸 것과 관련해, 젠슨 황은 다음과 같이 말했습니다.

> 나는 부모님의 꿈과 열망의 결과물입니다.
> I am the product of my parent's dream and aspirations.

이 발언에는 두 가지 의미가 있습니다. 첫째는 '나는 부모님께 많은 것을 빚졌습니다', 두 번째는 '내 오늘의 성취는 모두 부모님 덕분입니다'입니다.

◈ 탁구 게임에서의 승부욕

켄터키주 오크데일 기숙학교 시절, 젠슨 황은 "운동을 해서 몸을 좀 더 튼튼하게 만들어야 한다"라는 룸메이트의 조언을 따랐습니다. 처음에는 수영을 배웠고, 나중에는 돈을 내고 '팰리스 탁구체육관'에서 탁구를 쳤습니다. 수업료는 체육관 바닥을 닦는 아르바이트 수입으로 충당했고, 지역 간 대회 출전 비용도 낼 수 있었습니다. 시작한 지 고작 3개월 만에 그는 전미 청소년 탁구 순회대회 북서부 지역 복식에서 3위를 차지했습니다.

1978년 1월, 팰리스 탁구체육관의 운영자가 독자 투고 형식으로 「스포츠 일러스트레이티드」(Sports Illustrated)에 다음과 같은 내용의 글을 기고했습니다.

"젠슨 황은 매우 유망한 탁구 선수입니다. 그는 탁구 챔피언이 되려는 큰 야망이 있으며, 학업 성적도 모두 A입니다."

2. 어떤 환경에서도 배운다

◆ 4~8세

부모님과 태국에서 살았습니다.

◆ 9세

부모님이 그와 형을 미국 켄터키주 클라크 카운티의 외삼촌 집으로 보냈습니다. 기독교 침례회에서 운영하는 오네이다침례회중고등학교(Oneida Baptist Institute)에 다녔습니다. 1899년에 설립된 이 시설은 소년원 같은 곳은 아니지만, 주로 중저소득층 자녀나 다른 학교에서 퇴학당한 아이들을 받았습니다.

◆ 15~16세

오리건주 알로하고등학교(Aloha High Schoo)에 다녔습니다.

알로하고등학교는 1968년 설립되었고, 오리건주 내 학교 순위는 34위 이하입니다. 학생은 약 1800명으로 백인이 48퍼센트, 아시아계가 4퍼센트 정도의 비율을 차지합니다.

3. 홀로 서는 시간이 날 성장시킨다

2016년 9월, 젠슨 황은 대만 「상업주간」(商業週刊) 기자와의 인터뷰에서 다음과 같이 말했습니다.

"아홉 살부터 열네 살까지의 독립적인 생활 경험이 환경, 산업, 사람의 변화에 대한 민감성을 키웠습니다. 또한 항상 위기 의식을 가지게 되었습니다."

4. 즐거움에서 트렌드를 읽어라

일부 언론은 젠슨 황이 고등학교 때 컴퓨터를 좋아하게 되어 나중에 전기 및 정보공학과를 선택했다고 보도했습니다. 하지만 2010년 「뉴욕 타임스」 기자와의 인터뷰에서, 그는 특히 개인용 컴퓨터 게임에서 즐거움을 찾았다고 언급했습니다. 컴퓨터 게임의 종류는 다양하며, 많은 사람들이 새로운 전자 게임에 도전하기를 좋아합니다. 관문을 돌파하고 레벨을 올리는 등의 과정은 매우 도전적입니다.

5. 우물에서 벗어나라

2010년 6월 5일 젠슨 황은 「뉴욕 타임스」 기자와의 인터뷰에서, 대학 3학년 때 오리건수의 데니스(Denny's)에서 웨이터로 일한 경험을 언급했습니다.

패밀리 레스토랑 데니스는 1953년 미국에서 설립되었으며, 본사는 사우스캐롤라이나주에 있습니다. 나스닥에 상장된 회사로, 1981년 당시 매장 수는 약 1000개였지만 2023년에는 약 1600개로 늘어났습니다. 2022년 매출은 약 4억 5600만 달러였습니다.

◆ 문제

젠슨 황은 내향적이고 수줍음이 많은 성격이었습니다. 손님이 자리에 앉기를 기다리는 동안 특히 손님과 대화하는 것을 두려워했습니다.

◆ 해결책

젠슨 황은 용기를 내어 손님들과 대화를 시작했고, 점차 내향적이고 수줍어하는 성격에서 벗어났습니다. 그는 이 상황을 마치 손발을 뻗어 밖으로 나오는 것 같았다고 표현했습니다.

6. 용기는 내 안에 있다

젠슨 황은 네 살부터 여덟 살 때까지 부모님과 태국에서 살았습니다. 일곱 살 무렵, 수영장 다이빙대에서 다이빙을 시도했습니다.

다이빙대에 올라 "물까지 너무 멀어!"라던 그는 스스로에게 말했습니다. "다이빙대는 높지만, 수면은 멀지 않아. 단지 나의 두려움 때문에 높아 보이는 것뿐이야." 그는 용기를 내어 뛰어내렸고, 두려움을 극복하고 다이빙에 성공했습니다.

젠슨 황은 타고난 모험가는 소수에 불과하지만, 잠재된 능력을 실현하려면 자신을 믿고 모험을 해야 한다고 생각합니다. 마치 다이빙 선수가 물을 향해 뛰어내리는 것처럼 말입니다.

7. 성실함은 태도에서 온다

◆ **열심히 일하는 본보기였던 부모님**

젠슨 황의 부모님과 친척들은 모두 열심히 일했습니다. 이는 그에게 큰 영감을 주었습니다.

◆ **자신의 경험**

1972년 젠슨 황은 형과 함께 켄터키주의 기숙학교에 다녔습니다. 학비와 기숙사비는 저렴한 편이었고, 대부분 학생들은 기숙사비를 일부라도 줄이기 위해 아르바이트를 했습니다. 젠슨 황이 맡은 것은 3층 기숙사의 화장실 청소였습니다.

오리건주에서 대학을 다닐 때 그는 데니스에서 아르바이트를 하며 돈을 벌었습니다.

이러한 경험은 젠슨 황이 매사에 열심히 일하는 태도를 기르는 데 도움을 주었습니다.

8. 책임을 다해야 한다

젠슨 황의 봉사 교육과 아르바이트 경험은 모두 그에게 '무슨 일이든 성실히 해야 한다'는 책임감을 심어주었습니다. 이는 곧 '남의 부탁을 수락했으면 그 일에 충실해야 한다'는 성실함이었습니다.

9. 방법은 항상 있다

데니스에서의 아르바이트 경험은 좌절에 대처하는 능력도 길러주었습니다.

◆ **문제**

어느 레스토랑에서든 생기는 실수들이 있습니다. 그럴 때 고객의 불만은 불가피합니다. 때로는 고객의 오해일 수도 있고, 때로는 (젠슨 황 같은) 웨이터의 실수일 수도 있으며, 때로는 주방에서 음식을 잘못 만든 것일 수도 있습니다.

◆ 경험

레스토랑에서 일하면서 젠슨 황은 대부분의 시간 동안 자신이 환경을 통제할 수 없으며, 그저 '혼란' 속에서 '최선의 돌파구'를 찾아야 한다는 사실을 깨달았습니다.

◆ 긍정적 사고

1972년, 켄터키주 오네이다중고등학교 시절입니다. 이 학교의 많은 학생들이 다양한 문제를 겪는 청소년이었습니다. 그의 룸메이트는 열일곱 살에 중퇴하는 등 많은 인생이 쉽게 풀리지 않는 모습을 목격했습니다. 그런 환경에서 젠슨 황은 "거의 모든 일에는 좋은 면이 있다"(It is possible to find good in almost anything)고 생각하는 법을 배웠습니다.

10. 버려야 얻는다

젠슨 황은 탁구를 통해 규율과 집중력을 배웠다고 말합니다. 또한 경기에서의 승리 덕에 자신감이 더욱 높아졌습니다. 탁구는 그가 좋아하는 운동이었습니다.

하지만 9학년이 되면서 공부가 어려워지고 학업에 흥미가 생겨 탁구를 그만두었습니다. 그는 "자신이 원하는 것을 알게 되면, 그것을 전력으로 추구해야 성공할 수 있다"고 말했습니다.

2장

젠슨 황의
성공 10계명

내가 원하는 나로 살아라

사람들의 4대 꿈인 건강, 학업, 가정, 사업은 대체로 성공한 사람들의 조건과 비슷합니다. 성공의 조건이라는 관점에서, 젠슨 황은 모든 면에서 뛰어납니다.

2-1

가장 중요한 일을 후회 없이 하라, 그것이 성공이다

창업가가 그리는 사업의 꿈은 회사의 매출, 순이익, 사업 영역(제품, 지역) 등과 함께 커지기 마련입니다. 젠슨 황이 1993년 창업 이후 10년마다 세운 전략적 야망은 어떤 것이었을까요?

1. 자료 출처

2023년 6월 2일, 「원견잡지」(遠見雜誌)에 린징이(林靜宜)가 쓴 '젠슨 황, 30세 엔비디아 창업을 회상하다'라는 기사가 실렸고, 나중에 「경제일보」(經濟日報)도 이 기사를 실었습니다.

이 기사의 출처는 크게 보아 두 곳입니다. 하나는 수년 전 젠슨 황의 인터뷰 기사입니다. 또 하나는 2023년 5월 말 젠슨 황이 대만에서 했던 연설, 이를테면 대만대학교 졸업식 연설이나 타이베이 국제 컴퓨터 전시회(Computex Taipei)에서 2시간 동안 진행한 강연 등입니다.

2. 자신이 되어라, 다른 사람이 되려 하지 말라

"나이가 들수록 내 상상력도 점점 좋아집니다. 사람은 무엇을 기대하는지, 무엇이 좋은 결과인지, 무엇이 완벽한지 등을 생각하며 살아야 합니다."

◆ 30세에 창업

1993년 젠슨 황이 창업했을 때, 엔비디아는 아주 작은 회사였습니다. 어떻게 IBM이나 HP를 뛰어넘을 수 있었을까요?

"나는 가능하다고 생각했습니다. 내 마음에서 우러나온 생각이었기 때문입니다. 그 당시 나는 이미 엔비디아의 5년, 10년 후의 모습을 상상했습니다."

◆ 30년 후를 상상하라

"2023년, 60세가 되어 인생을 돌아보니, 만약 30세로 돌아간다 해도 나는 여전히 같은 사람들과 창업하고 함께 일할 것입니다. 지난 30년 동안 매일 최선을 다했고, '삶에서 가장 중요한 일을 후회 없이 하라'는 말처럼 살았습니다. 나는 20년, 30년 후의 엔비디아가 가장 아름답고 가장 위대한 회사가 될 거라고 상상했습니다."

◆ 장샤오웨이가 본 젠슨 황

2018년 2월, 장샤오웨이(張孝威)*는 자서전 『비바람이 있어도 맑은 날이 더 많다: 장샤오웨이의 솔직한 이야기』(縱有風雨更有晴: 張孝威直說直做)에서 엔비디아 젠슨 황과의 옛 인연을 거론합니다.

1988년 그가 TSMC 재무부에 입사했을 때, 미국 캘리포니아의 엔비디아가 외상매입금을 자주 연체하는 것을 알게 되었습니다. 장샤오웨이가 미국 출장 중 채무 독촉 차 엔비디아에 들렀을 때, 젠슨 황은 외상매입금 지불기한 연장을 요청했습니다. 장샤오웨이는 가능하지만 채무에 상한선을 두어야 한다고 말했습니다.

그러자 젠슨 황은 당시 이렇게 답했습니다. "제발 그렇게 하지 말아주세요. 왜냐하면, 엔비디아는 여러분의 큰 고객 중 하나

---

* 장샤오웨이는 금융인 출신으로 이동통신기업 타이완모바일(台灣大哥大)과 민영방송사 TVBS(롄리미디어)의 대표이사를 역임했습니다.

가 될 것이기 때문입니다." 그의 야망과 자신감을 잘 보여주는 일화입니다.

◈ 젠슨 황의 단계별 인생 목표

1993년 4월 엔비디아를 창립한 젠슨 황의 단계별 인생 목표는 다음과 같았습니다.

- 30세: 직원 수 100명. 나의 목표는 나의 잠재력을 실현하는 것이다.
- 40세: 직원 수 1500명. 다른 이들(직원들)의 큰 잠재력을 실현해야 회사가 성공하고 계속 성장할 수 있다. 엔비디아는 글로벌 주요 테크 기업이 된다.
- 50세: 직원 수 8000명. 엔비디아가 인류의 삶을 더욱 향상시키게 돕는다. 어떻게? 최선을 다한다면, 그러면 완벽하다.
- 60세: 직원 수 2만 6000명. 2023년 3월이 되면 엔비디아를 30~40년 동안 더 이끌고 싶을 것이다. 90세가 되면 로봇 형태로 계속 일할 것이다.

| 엔디비아 성취 목표 |

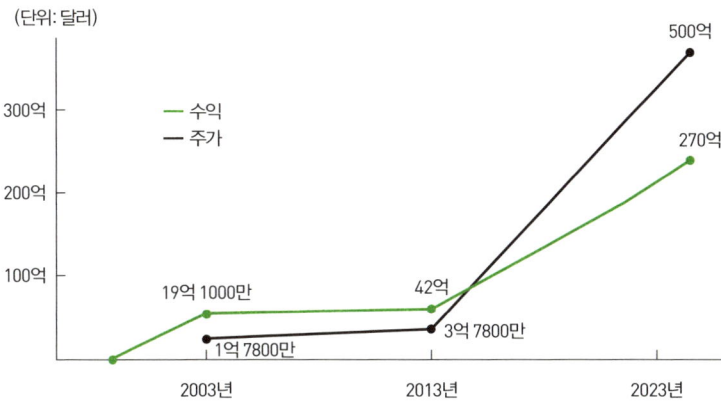

2-2

엔지니어에서 영업자로, 변화에 두려움은 없다

테크 산업에서는 기술과 제품이 빠르게 변화합니다. 지식 습득과 트렌드 업데이트가 너무 늦으면 뒤처지게 됩니다. 엔비디아의 CEO는 어떻게 학습을 이어갔는지 알아봅시다.

1. 대학에서

◆ 전기공학 학사

1981~1984년 오리건주립대학교에서 전기공학을 전공했습니다. 오리건주립대학교는 일반적인 수준의 대학으로, 이른바 명문대 목록에는 들지 않습니다.

◈ 전기공학 석사

1992~1993년 스탠퍼드대학교에서 전기공학을 공부했습니다. 목적은 학습의 동력을 지속적으로 유지하는 것이었습니다.

2. 직장에서

◈ 기술 부서에서 영업 부서로 이동

1985~1993년, LSI 로직에서 일했습니다. 이 회사는 1981년에 설립되었으며, 젠슨 황은 캘리포니아 산호세에서 특수 목적 집적회로(ASICs) 분야의 일을 했습니다.

이 무렵 젠슨 황은 엔지니어링 부서에서 영업 부서로 이동하겠다고 스스로 요청했습니다. 그는 이것이 자신의 인생에서 가장 훌륭한 결정이었다고 말합니다. 회사의 연구개발과 엔지니어링 부서가 고객과 어떻게 소통해야 하는지를 이해한 후, 고객들은 '이 상품이 어떤 효과를 낼 수 있는가'에 더 관심을 갖는다는 것을 깨달았습니다. 젠슨 황은 이렇게 말했습니다.

나는 다른 회사의 상품을 보고 그로부터 배우는 것을 좋아합니다. 우리는 경쟁사들을 매우 진지하게 대합니다. 특히 인텔을 존경합니다. 하지만 우리 소매 속에도 특별한 마술이 있습니다.

I enjoy looking at other people's product, and learning from them. We take all of our competitors very serious, as you know. You have to respect Intel. But we have our own tricks up our sleeves.

— 「아시아 비즈니스 리더」(Asia Business Leaders),

2021년 12월 2일

2-3

젠슨 황이 여름에도
가죽 재킷을 입는 이유

약 2002년부터 젠슨 황은 공개 석상에서 정장 대신 가죽 재킷을 입기 시작했습니다.

엔비디아의 제품은 칩과 그래픽 카드입니다. 2010년부터 비트코인 채굴 열풍이 불면서 많은 사람들이 그래픽 카드를 대량 구매해 개인용 컴퓨터에 장착하고 채굴을 시작했습니다.

여러 상황을 거치면서 엔비디아는 4C* 제품의 원자재 성격인 부품 회사에서 완성품 성격의 제품 회사로 변모했습니다. 회사 대표가 직접 나서서 대변인 역할을 하는 것이 자연스러운 모양새

* 4C는 컴퓨터(Computer), 통신(Communication), 소비자 전자제품(Consumer Electronics), 자동차(Car) 등 가정용 전자제품을 일컫는 표현입니다. 원래는 자동차를 제외한 3C라는 용어로 쓰였으나, 나중에 자동차가 추가되었습니다. 디지털 혁명과 정보화 시대의 주요 산업을 통칭하는 표현입니다.

가 됐습니다.

캐릭터 설정 관점에서 보면, 젠슨 황이 가죽 재킷과 검은 바지를 입는 것은 정교하게 설계된 이미지입니다. 이는 연예인들이 무대의상을 입는 것과 같은 맥락입니다.

1. 복장으로 캐릭터를 설정하다

◈ 사람은 옷으로 꾸미고, 부처는 금으로 꾸민다

1640년께 명말청초의 문인 심자진*은 『문호정기』(問湖亭記) 10장에서 "부처는 금으로 꾸미고, 사람은 옷으로 꾸민다"(佛要金裝, 人要衣裝)라는 문장을 남겼습니다.

2019년 4월 24일 「비즈니스 인사이더」(Business Insider)에는 '과학에 따르면, 사람들은 당신을 만난 지 몇 초 만에 (당신의) 열두 가지를 판단한다'(Science says people decide these 12 things within seconds of meeting you)라는 제목의 기사가 실렸습니다.

---

* 심자진(沈自晉)은 명말청초 시기 희곡 작가입니다. 장쑤성을 근거로 한 극작가 단체 오강파(吳江派)의 영수인 심경(沈璟)의 조카입니다.

◆ 매일 같은 스타일의 옷을 입는 효과

2021년 2월 스탠퍼드대학교 법학대학원 부교수인 리처드 포드(Richard T. Ford)는 『드레스 코드: 패션의 법칙은 어떻게 역사가 되었는가』(Dress Codes: How the Laws of Fashion Made History)라는 책에서 복장의 효과를 설명하며 한 실험을 언급했습니다.

그 실험에서는 리더와 78명의 직원들에게 다른 옷을 입은 사람들의 초상화를 평가하게 하고 다음과 같은 결과를 얻었습니다.

- 평범한 사람들은 「포춘」 1000대 기업의 고위 임원들이 정장을 입을 거라고 기대합니다.
- 하지만 특별한 환경에서는 독특한 스타일의 리더가 적합할 수 있습니다.
- 정장 이외의 의상은 만화 캐릭터나 슈퍼히어로와 같은 효과를 줄 수 있습니다.

매일 같은 스타일의 옷을 입는 것은 규칙적이고, 집중력이 있고, 신뢰할 수 있다는 느낌을 전달합니다. 이는 모든 정치 지도자와 기업 리더들이 갖고 싶어 하는 요소입니다.

◈ **의복이 리더를 만든다**

2021년 1월 오스트리아 교수들의 실증 논문이 나왔습니다. 인스브루크대학교 전략관리 및 리더십 학과의 토마스 K. 마란(Thomas K. Maran) 교수 외 네 명이 미국의 「비즈니스 리서치 저널」(Journal of Business Research)에 발표한 논문의 제목은 '의복이 리더를 만든다! 리더는 어떻게 옷을 통해 지지자들의 카리스마 수용과 지지에 영향을 미칠 수 있나'(Clothes make the leader! How leaders can use attire to impact follower's perceptions of charisma & approval)입니다. 이 논문은 (일관된) 의복이 식별성을 가진다고 강조했습니다.

2. 리더의 이미지가 기업의 이미지가 되다

테크 업계에서 캐주얼한 옷을 입고 회사를 대표하여 발언하면서, 경영자가 곧 회사의 이미지가 된 사례가 두 명 있습니다.

◈ **애플 창업자 스티브 잡스**

스티브 잡스는 검은색 터틀넥과 청바지를 입었습니다.

2022년 8월 10일 대만의 잡지 「디지털 시대」(數位時代)에 따르면, "잡스의 상징적인 검은 터틀넥은 일본 의상 디자이너 미야케 잇세이의 '천 한 조각' 철학*에서 비롯되었으며, 이는 CEO들의 관심을 끌었다"고 합니다. 잡스의 터틀넥은 일본에 방문했을 때 소니의 아키오 모리타 회장에게서 영감을 받았습니다.**

스탠퍼드대학교 교수 리처드 포드는 잡스에 대해 "그는 정신적 리더이며, 기술이 세상에 긍정적인 힘을 가져다주어 어떤 일도 일어날 수 있는 황금시대를 대표한다"고 말합니다. 잡스가 세상을 떠난 후에도, 애플의 연례행사인 세계개발자회의(WWDC)에서 애플 CEO인 팀 쿡(Tim Cook) 및 관련 임원들은 여전히 잡스의 패션을 따르고 있습니다.

◈ 페이스북 창업자 마크 저커버그

저커버그는 회색 티셔츠를 입습니다. 2010년 12월, 「타임」은 저커버그를 '올해의 인물'로 선정했습니다.

---

* 미야케 잇세이(三宅一生)는 자신의 브랜드를 서양 표기법(ISSEY MIYAKE)으로 쓴 까닭에 '이세이 미야케'로 불리기도 합니다. 그가 1973년 파리에서 열렸던 첫 번째 컬렉션의 주제가 '천 한 조각'(A Piece of Cloth, A-POC)이었고, 이는 이후 그의 패션 철학을 관통하는 주제가 됩니다.

** 스티브 잡스는 1980년대 초 소니 공장을 견학하면서 직원들이 유니폼을 입은 것에 깊은 인상을 받았습니다. 이를 애플에도 도입하기 위해 유명 디자이너 미야케 잇세이에게 디자인을 부탁했습니다. 그러나 직원 반대로 유니폼 도입은 무산되었습니다. 대신 이 과정에서 미야케 잇세이와 친해지면서 자신만의 유니폼인 검정색 터틀넥 제작을 부탁했습니다. 미야케 잇세이는 175달러에 100벌을 만들어 주었습니다.

1968년 미국의 미술가 앤디 워홀(Andy Warhol)은 "미래에는 모든 사람이 15분 동안 세계적으로 유명해지는 기회를 갖게 될 것"(15 minutes of fame)이라고 말했습니다.

2004년 2월 4일 페이스북이 출시되었고, 2010년 10월 6일 인스타그램이, 2016년 9월 20일 중국 본토의 더우인*이 출시되었습니다. 이러한 온라인 소셜 플랫폼들은 개인 미디어(Self-media) 기능을 가지고 있어, 앤디 워홀의 명언을 현실로 만들었습니다.

이를 통해 기업과 기업가들도 무료 홍보 기회를 얻게 됐지만, 주목받기 위해서는 특별한 매력이 필요합니다. 독특한 의상은 가장 빠른 방법 중 하나입니다. 예를 들어 미국 가수 레이디 가가(Lady Gaga)와 일본 가수 캬리 파뮤파뮤(Kyary Pamyu Pamyu)가 여기에 해당합니다.

3. 검정 가죽 재킷

◈ **영화 〈매트릭스〉에서 영감을 얻다**

1999년 3월 미국 SF 영화 〈매트릭스〉(The Matrix)가 개봉했

---

* 더우인은 중국 테크 기업 바이트댄스가 만든 숏폼 동영상 플랫폼으로, 나중에 글로벌 서비스로 확장하면서 틱톡이라는 이름을 갖게 됩니다.

고, 4억 6700만 달러의 대흥행을 기록했습니다. 영화에서 '착한 편'인 해커들은 모두 가죽 재킷과 가죽 바지를 입었습니다. 주인공인 네오와 트리니티, 조연인 모피어스까지 모두 검정 가죽 옷을 입었습니다.

◆ 전략적인 선택

젠슨 황은 아마도 스타일리스트의 조언을 받아 영국과 미국의 가죽 재킷 브랜드 두 곳을 선택했을 것입니다.

- 영국 던힐(Dunhill): 1893년에 창업했습니다. 인터넷에 나오는 제품 설명을 보면 우아한 재단, 절제미, 고급스러운 착용감, 직장에서 입어도 적합한 디자인, 전문적인 이미지 등이 특징입니다. 여러 스타일이 있으며, 일반적인 제품의 가격은 약 6300달러입니다.
- 미국 톰 포드(Tom Ford): 2005년에 창업했습니다. 펑크 스타일에 하이 칼라 디자인을 결합하여 자유분방하면서도 지나치게 캐주얼하지 않고, 출근과 여가 모두에 적합하다는 게 특징입니다. 일반적인 가격은 약 4000달러입니다.

◈ **시그니처 패션의 배리에이션**

2016년 젠슨 황은 레딧(Reddit) 라이브 방송에서 네티즌들의 질문에 답하면서, 스스로를 "가죽 재킷 남자"라고 칭했습니다. 젠슨 황은 상황에 따라 라펠(접히는 옷깃), 지퍼, 바이커 재킷 등 다양한 스타일의 가죽 재킷을 입습니다.

4. 젠슨 황 트렌드

- 2021년 젠슨 황은 「타임」이 꼽은 가장 영향력 있는 100인 중에서도 대표 격인 표지 인물로 선정되었습니다.
- 2021년 5월 30일 타이베이 난강구에서 타이베이 타이베이 컴퓨터 박람회(Computex)가 열렸습니다. 콴타 컴퓨터의 자회사인 QCT는 엔비디아 칩이 내장된 서버를 판매하는 회사입니다. 그날 젠슨 황은 콴타 컴퓨터(Quanta Computer)의 자회사인 콴타 클라우드 테크놀로지(QCT) 부스에 나타났습니다. 그리고 두 회사의 협력이 가져온 성과를 크게 홍보하는 한편, 자신의 상징과도 같은 검정 가죽 재킷을 벗어 QCT의 대표인 양치링(楊麒令)에게 입혀주었습니다. 양치링은 즉시 팔을 들며 "예-에!"라고 외쳤습니다. 현장에서 한 기자가 가죽 재킷을 입어보고는 "이것이 바

로 몸값 1조 달러의 무게"라고 말했습니다.

- 2023년 5월 로이터 통신의 기사 제목은 "1조 달러 칩 회사의 가죽 재킷 보스(Leather-jacketed boss of trillion-dollar chip firm)"였습니다.

5. 왜 사계절 내내 가죽 재킷인가?

"젠슨 황은 왜 사계절 내내 검정 가죽 재킷을 입는가?"라는 질문은 업계와 젠슨 황의 팬들 사이에서 뜨겁게 논의되는 주제입니다.

◆ 엔비디아의 설명

엔비디아 대변인에 따르면, 젠슨 황은 "매일 검은 옷과 바지를 입으면 무엇을 입을지 고민하는 시간을 줄일 수 있고, 그 시간을 업무에 씁니다"라고 답했다고 합니다.

실제로 2022년 9월 엔비디아의 글로벌 미디어 및 애널리스트 Q&A 회의에서 한 기자가 젠슨 황에게 왜 사계절 내내 공개 석상에서 검정 가죽 재킷을 입는지 묻자, 그는 "어떤 색의 옷을 입을지 고민할 필요가 없어 생각해야 할 일을 줄일 수 있기 때문"이라고 답했습니다.

그러나 두 설명은 모두 홍보용 답변에 지나지 않습니다. 젠슨 황은 날마다 다른 스타일의 가죽 재킷을 입습니다. 또한 가죽 재킷은 두껍고 무겁고 덥기 때문에 대체로 편하지 않습니다.

◆ 가족 전통?

2023년 6월 12일, 「싼리신문」(三立新聞)은 인터넷 기자 후차이펑의 글을 인용해 젠슨 황의 외할아버지 뤄취가 타이난시 중시구 수이셴궁 시장에서 '푸타이룽'(福泰隆)이라는 가죽 제품 상점을 운영했다고 전했습니다. 이를 근거로 가죽 재킷을 입는 것이 가족의 전통이 됐다는 설명입니다. 그러나 젠슨 황은 4~8세 때 부모님과 태국에서 지냈고 9세 때 미국으로 이민 갔기 때문에 외할아버지의 가죽 상점에 대한 기억이 거의 없을 것입니다.

◆ 나는 쿨하니까

젠슨 황은 사계절 내내 검정 가죽 재킷을 입습니다. 타이베이 기온이 27도였을 때도 그는 여전히 검정 가죽 재킷을 입었습니다. 언젠가 누군가 농담으로 "당신의 가죽 재킷에 엔비디아의 냉각기가 장착됐나요? 그렇지 않으면 어떻게 타이베이 날씨를 견딜 수 있나요?"라고 묻자, 젠슨 황은 "왜냐하면 나는 항상 쿨(Cool)하니까요"라고 답했습니다.

2-4

트렌드는 읽어내는 것을 넘어
선점해야 돈이 된다

　전쟁에서 미리 적군의 주력 부대가 어디에 있는지 알면 아군은 유리한 위치를 선점하고 불리한 상황을 피할 수 있습니다.

　비즈니스 분야, 특히 테크 산업도 마찬가지입니다. 어떤 기술이 언제 킬러 제품이 될지 예측할 수 있다면, 시대의 흐름을 주도하고 '선제적 배치'(Advanced deployment)를 할 수 있습니다. 특히 테크 제품은 출시되기까지 수년간의 연구 개발이 필요하기에 더욱 유용합니다.

　엔비디아의 양대 성장 곡선을 그리는 주력 제품을 보면서, 젠슨 황이 어떻게 '미래 트렌드를 읽었는지' 살펴보겠습니다.

1. 1993년, 그래픽 프로세서의 트렌드를 읽다

젠슨 황은 대학 졸업 후 세 가지 직업을 거쳤습니다. 세 가지 직업을 통해 그는 3C 제품(컴퓨터, 통신, 소비자 전자제품)에 그래픽 프로세서가 필요하다는 것을 알게 되었습니다. 그중에서도 소비자 전자제품의 게임기가 첫 번째 선택이었습니다.

2016년 12월 19일 「포브스」에 '새로운 인텔: 엔비디아'(The New Intel: Nvidia)라는 제목의 기사가 실렸습니다.

엔비디아의 공동 창업자 중 한 명인 크리스 말라코프스키(Chris Malachowsky)는 1995년 엔비디아가 휴대용 게임기를 위한 그래픽 프로세서를 출시한 데 대해 다음과 같이 말했습니다.

"당시 미국엔 시장이 없었지만 일본엔 시장이 있었고, 곧 미국으로 확산될 것이라고 생각했습니다."

2. 2007년, 인공지능 칩의 트렌드를 읽다

2023년 5월 27일 「파이낸셜 타임스」를 보면, 영국 런던의 인공지능 기업 투자전문 벤처 캐피털 에어스트리트 캐피털의 네이슨 비네이시(Nathan Benaich)는 엔비디아의 인공지능 칩 성과에 찬사를 보냈습니다. 그는 특히 엔비디아가 2020년 5월 A100 칩을, 2022년 3월 H100 칩을 출시하면서 경쟁사(인텔, AMD)보다 최소 4년 이상 앞섰다고 평가했습니다.

2-5

긍정적으로 돌파하되
이길 수 없다면 철수하라

'부정적인 사람을 멀리하라'는 격언이 있습니다. 이는 주로 과거 황제에게 주변의 간신을 멀리하라는 의미로 쓰였습니다. 삼국시대 촉나라의 유선(劉禪) 곁에 있었던 진지와 황호가 그 예가 될 것입니다.* 227년 승상 제갈량은 「출사표」에서 다음과 같은 유명한 말을 남겼습니다.

"현명한 신하를 가까이하고 소인을 멀리하는 것이 전한이 번성한 이유이며, 소인을 가까이하고 충신을 멀리하는 것이 후한이 기울어진 이유입니다."

개인이 부정적인 일을 멀리한다는 것은 크게는 '먹고 마시고

---

* 황호(黃皓)는 촉한 말, 권력을 농단했던 환관으로 나라를 멸망에 이르게 한 인물이라 일컬어집니다. 진지(陳祗)는 황호가 정치에 나설 수 있는 환경을 만들어 준 신하였습니다.

색을 밝히며 도박하는 것'을, 작게는 '좋아하는 것에만 푹 빠져 의지를 잃는 것'을 의미합니다.

현대 사회에서 한 기업의 CEO는 황제처럼 경영권이 크고, 인간의 마음은 살이 만든 것이어서 칠정육욕이 있습니다. 부정적인 사람과 일을 멀리하지 못하면 나쁜 길에 빠질 수 있고, 회사를 망칠 수 있습니다.

1. 황제의 사례

중국 드라마 〈개창성세〉(開創盛世)를 보면, 수 양제가 세 차례나 고구려 정벌에 나서면서 막대한 군비를 소모합니다. 이 때문에 세금을 가혹하게 걷어야 했고, 백성들은 말도 못할 고통을 겪다가 결국 반란을 일으킵니다.

644~645년 당 태종 역시 직접 고구려 정벌에 나섰습니다. 수 양제와 마찬가지로 체면을 위해 10만 정규군 등 큰 비용을 들였지만, 안시성(당시 인구 5000명)에서 패배했습니다. 2018년 개봉한 한국 영화 〈안시성〉은 이 이야기를 다루었습니다.

645년 9월 당 태종이 한탄하며 말했습니다. "만약 위징*이 아직 살아있었다면, 그가 나를 말려 고구려를 공격하지 않았을 것이다."

2. 기업의 사례

역대 황조와 기업에서 부정적인 일의 대표적인 사례가 바로 '과도한 투자'(Over-investment)입니다. 재무적인 관점에서 명백히 수익률이 마이너스인 투자를 말합니다. 큰일을 해서 공을 세우기 좋아하는, 이른바 '허세'라고 볼 수도 있겠습니다.

당 태종이 고구려를 공격한 것이 이에 해당합니다. 이는 대부분 민족주의적 발상으로, 이민족을 물리치고 자신의 명예를 높이려는 의도였습니다.

◈ **기업 인수**

기업에서 가장 흔한 사례는 막대한 돈을 들여 거의 망해가는

---

* 위징(魏徵)은 당나라의 정치가로 충성스러운 신하(충신)보다는 어진 신하(양신)가 되어야 한다는 생각에 주군에게 직언을 서슴지 않은 인물로 유명합니다. 당 태종은 "죽여버리고 말겠다"며 불쾌해하다가도, 결국 위징이 세상을 떠나자 "짐은 거울 하나를 잃었다"며 슬퍼한 것으로 전해집니다.

회사를 인수하는 것입니다. CEO는 흔히 자신의 능력으로 '역전'할 수 있다고 자만합니다. 그러나 결국 물에 빠진 회사에 함께 휘말려 자신의 회사도 '완전히 죽지는 않았어도 반쯤 죽은' 상태로 내몰고 맙니다.

1986년 4월 「저널 오브 비즈니스」(Journal of Business)에 발표된 미국 캘리포니아대학교 리처드 롤(Richard Roll) 교수의 연구를 보면, 대규모 자금을 들여 적대적 기업 인수를 하는 것은 기업 CEO의 오만인 경우가 많습니다.

구분		당 태종	기업 CEO
과도한 투자 (Over-investment)		644~645년 고구려 정벌	합병을 통한 문제 기업 인수
과시적 소비 (Conspicuous consumption)	거주	황궁, 특히 시안 외곽의 취미산 행궁에 거주	대도시 중심의 번듯한 사무용 건물 구입
	이동	황릉 순시, **동순**(**동쪽** 순행), 남순(남쪽 순행)	대형 항공기
	기타	체면이나 이미지를 위한 행정	기업 명의로 고가의 예술품 구입

2008~2014년 엔비디아의 스마트폰 칩 사업은 성공 직전에 실패했습니다. 2023년 5월 27일 젠슨 황이 대만대학교 졸업식에

서 언급한 세 가지 실패 이야기 중 하나가 바로 '스마트폰 칩 시장에서의 철수'입니다. 젠슨 황은 '이길 수 없다면 인정해야 한다'는 의미를 담으려 했을 것입니다. 그러나 이 사업을 엔비디아의 '부정적인 일'로 간주하는 것은 사실 좀 복잡한 문제입니다.

3. 새로운 사업 기회

엔비디아에는 스마트폰과 관련된 사업 기회가 있었습니다. 과거 양대 제조사라고 할 수 있는 두 기업의 운영체제는 폐쇄형이었습니다. 1위 노키아는 심비안(Symbian), 2위 애플 아이폰은 iOS 시스템을 각각 사용했습니다.

2008년 9월 23일 구글의 개방형 모바일 운영체제인 안드로이드(Android)가 출시되었고, 3위 삼성전자와 대만의 HTC 등이 스마트폰 사업에 더 적극적으로 참여하기 시작했습니다. 이는 모바일칩 회사들에게 좋은 소식이었습니다.

4. 엔비디아의 노력

◆ **투자**

엔비디아는 관련 기업 인수를 포함하여 모바일칩 연구 개발에 총 4억 달러를 투자했습니다.

◆ **테그라 출시**

2008년 2월 1일 엔비디아는 모바일 그래픽 처리 장치인 테그라(Tegra) 칩을 출시했습니다.

5. 엔비디아의 곤경

◆ **2011년 모바일칩 시장**

2011년 모바일칩 상위 5대 기업과 각각의 시장점유율은 다음과 같았습니다.

- 미국 퀄컴: 40퍼센트
- 미국 텍사스 인스트루먼트: 20퍼센트
- 스웨덴 에릭슨: 12퍼센트

- 미국 맥심 인티그레이티드: 8퍼센트
- 독일 다이얼로그: 6퍼센트

상위 5개사가 시장의 86퍼센트를 차지한 상태였습니다. 엔비디아는 스스로 6위라고 여겼지만 시장점유율은 매우 낮았습니다.

◈ 높은 곳도 낮은 곳도 쉽지 않다

모바일칩 업계에서 고급 시장은 미국 퀄컴이 독점한 상태였습니다. 중저가 시장은 대만의 미디어텍이 차지해 주로 중국 본토의 모바일 기업에 공급했습니다. 기능과 가격 면에서 이들 경쟁사를 넘어서기 힘든 상황이어서, 엔비디아는 당시 발전을 도모할 여지가 없었습니다.

6. 이길 수 없다면 떠나라

◈ AMD가 먼저 철수하다

2008년, AMD는 모바일칩 사업부 이미지온(원래 캐나다 ATI 테크놀로지의 자회사였음)을 애플에 매각했습니다.

◈ 엔비디아도 포기하다

2015년 1월 23일 「애플 인사이더」(Apple Insider)에 실린 'AMD와 엔비디아는 모바일 GPU 칩 사업을 어떻게 애플에 내주게 되었는가'를 보면, 2014년 젠슨 황은 경영진에게 사업 철수를 제안하는 이메일을 보냈습니다.

동료 여러분, 우리는 더 이상 모바일칩 사업에서 독보적인 기여를 할 수 없습니다. 철수합시다!

2023년 대만대학교 졸업식에서 그는 이렇게 말했습니다.
"우리는 독보적으로 기여할 수 있는 비전에 전념해야 합니다. 모바일 시장에서 철수한 것은 효과가 있었습니다. 엔비디아는 로봇과 컴퓨터 개발로 방향을 전환했고, 현재 자동화와 로봇 컴퓨팅 분야는 사업 규모가 10억 달러에 이르렀습니다. 똑똑하고 성공한 사람들로서는 철수하거나 포기하는 게 쉬운 결정이 아니지만, 선택과 집중을 하는 것이 성공의 핵심 열쇠입니다."

2-6

실패를 실수로 받아들일 때 성공에 가까워진다

대학을 졸업한 젠슨 황은 미국 캘리포니아 실리콘밸리의 산타클라라에 있는 AMD에서 일하기 시작했습니다. 1939년 휴렛팩커드가 이곳에 근거를 둔 이래, 실리콘밸리는 미국 테크 산업에서 창업을 꿈꾸는 이들의 천국이 되었습니다. 이러한 개척 정신은 역사적 배경이 있습니다.

- 1830년 이후: 서부 개척 운동
- 1840~1851년: 미국 캘리포니아 샌프란시스코의 골드러시
- 1956년: 미국 이민법 개정. 이민 쿼터 감축 및 기술 이민 문호 개방 등

2019년 미국 상무부 인구조사국 추정치에 따르면 캘리포니아 인구의 인종별 구성은 백인 60퍼센트, 아시아계 14.89퍼센트, 기타 11.89퍼센트, 흑인 5.8퍼센트 등입니다.

1. 1993년 삼십이립*

오리건주립대학교 재학 시절 젠슨 황은 로리 밀스(Lori Mills)를 만났고, AMD에 취직한 후 결혼했습니다. 아내가 그에게 "앞으로 무엇을 하고 싶어?"라고 물었을 때, 그는 대답했습니다. "서른 살에는 회사의 CEO가 되고 싶어."

2. 어머니의 걱정

1993년 초 젠슨 황은 두 친구와 함께 회사를 설립하려고 했습니다. 어머니 뤄차이슈는 그의 창업이 실패할 수도 있다면서,

---

* 삼십이립(三十而立)은 공자(孔子)가 남긴 말로 "서른 살에 세상에 바로 섰다"라는 뜻입니다. 자신의 가치관을 확립하고 이로써 사회에 적응할 수 있게 되었다는 의미입니다. 줄여서 '이립'이라고 합니다.

그러면 어떻게 가족을 부양할지를 걱정했습니다. 어머니는 "왜 직장을 구하지 않니?"라며 취업을 권했습니다.

3. 나는 무엇을 하고 싶은가

가정을 꾸린 젠슨 황은 스스로에게 자주 물었습니다.
"최악의 상황은 어떤 것일까?"
"나 자신을 해치게 될까?"
"가족을 잃을 수도 있을까?"

이 질문에 만약 답이 "아니오"라면, 중요한 것은 어떤 것도 잃지 않는 셈입니다. '실수'를 한다 해도 기껏해야 당황스러울 뿐입니다. 젠슨 황은 이런 말을 한 적이 있습니다.

> 비록 돈을 좀 낭비할 수 있지만, 실수로부터 경험을 배울 수 있고, 나중에 더 많은 돈을 벌 수도 있습니다. 이렇게 생각하면 나쁜 상황을 직면해도 그렇게 나쁘게 느껴지지 않습니다.
>
> ―「천하잡지」(天下雜誌), 2022년 5월 31일

4. LSI 로직에서의 일

1985년에서 1992년까지 젠슨 황은 LSI 로직에서 일했습니다. 회사는 캘리포니아 산타클라라 카운티 밀피타스에 있었습니다. 1981년 창업했으며 반도체와 소프트웨어를 설계하는 기업입니다. 소비자 전자제품(DVD 플레이어, 디지털 카메라, 게임기, 셋톱박스 등) 칩에 중점을 두었습니다.

1992년 젠슨 황은 썬 마이크로시스템즈에서 일하던 크리스 말라코프스키, 커티스 프림(Curtis R. Priem)을 알게 되었습니다. 이후 세 사람은 1992년 12월부터 1993년 3월까지 회사 설립을 준비해, 4월에 자본금 4만 달러로 엔비디아를 창립했습니다.

5. 창업자 3인의 역할 분담

◈ **CEO**

젠슨 황은 LSI 로직에서 부장까지 오른 경험을 살려 엔비디아 설립 후 CEO를 맡았습니다.

◈ 기술 책임자

엔비디아의 엔지니어링 및 운영 수석 부사장은 크리스 말라코프스키가 맡았습니다. 그는 플로리다대학교에서 학부, 캘리포니아 산타클라라대학교에서 대학원을 졸업했으며, 주요 경력은 다음과 같습니다.

- 1982~1983년: IBM에서 일하며 최초의 개인용 컴퓨터 전문 그래픽 칩(Graphics adapter)을 설계했습니다.
- 1986~1993년: 썬 마이크로시스템즈에서 GX 그래픽 칩을 설계했습니다.

◈ 소프트웨어 책임자

엔비디아의 소프트웨어 부문 책임자는 커티스 프림이 맡았습니다. 1986년 뉴욕주 렌슬리어공과대학교를 졸업한 그는 HP와 썬 마이크로시스템즈에서 일했습니다. 프림은 2007년에 엔비디아에서 은퇴했습니다.

| 엔비디아 창업자 3인의 역할 분담 |

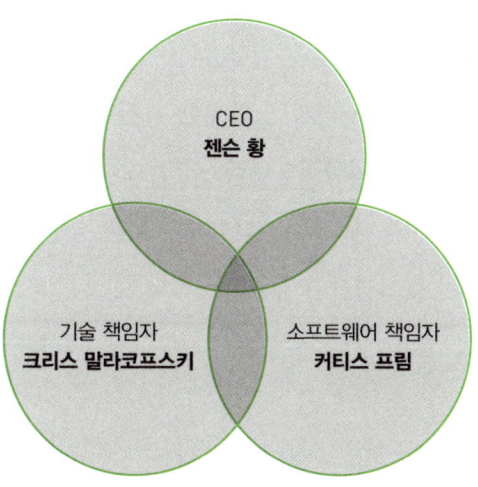

6. 전형적인 '차고' 창업

차고 같은 곳에서 창업한 사례는 많습니다. 대표적인 기업이 애플입니다. 스티브 잡스와 스티브 워즈니악은 1976년 잡스 부모님댁의 차고에서 애플을 창업했습니다.

마크 저커버그는 2004년 당시 재학 중이던 하버드대학교 기숙사에서 페이스북을 창업했습니다. 그리고 사업에 전념하기 위해 학업을 중단했습니다.

◈ 작은 식당 한구석에서 탄생한 엔비디아

젠슨 황과 두 명의 공동 창업자는 캘리포니아 산호세의 데니스 식당에서 창업 계획을 논의했습니다. 그들은 아침 메뉴인 그랜드슬램을 주문했고, 커피는 무제한 리필이었습니다. 한 번 주문하면 4시간 이상 머물렀습니다. 식당 매니저는 그들에게 가게 뒤편의 빈방을 사용하라고 했습니다. 그곳은 경찰들이 종종 조사 보고서를 쓰던 곳이었습니다.

7. 창업 과정

1992년 말, 세 사람은 데니스 식당 뒷방에서 회의를 했습니다. 주로 주식 공모 설명서에 대한 내용이었습니다. 이는 그들이 가진 창업 자금인 4만 달러로는 100명을 고용하기에 턱없이 부족했기 때문입니다.

세 사람이 함께 고민한 첫 번째 주제는 바로 "우리는 어떤 회사가 되고 싶은가?"였습니다. 그리고 투자 유치를 위해 준비했습니다.

세쿼이아 캐피털(Sequoia Capital) 등 벤처 캐피털 두 곳이 총 200만 달러를 투자했습니다.

8. 창업 후 분야 전환

1997년 엔비디아는 NV3(GeForce chip)를 출시하여 큰 수익을 올렸고, 1999년 나스닥에 상장했습니다. 2000년부터 많은 언론이 젠슨 황을 인터뷰했습니다.

이미 성공한 것처럼 보였지만 젠슨 황은 계속해서 큰 위험을 감수하며 엔비디아를 운영했습니다. 시대를 앞서기 위해 주력 분야를 그래픽 카드에서 2007년 고성능컴퓨팅(HPC, 여러 서버에 걸쳐 복잡한 계산을 병렬로 고속 처리하는 것)으로, 2010년에는 인공지능 분야로 전환해 갔습니다.

2016년 9월 28일, 대만의「상업주간」이 젠슨 황의 긴 인터뷰 기사를 실었습니다.

엔비디아의 칩은 주로 IT 업계 슈퍼컴퓨터 및 서버에 사용되며, 대만의 일류 기업들은 자체 브랜드를 가지고 있습니다. 또한 전 세계 서버 90퍼센트는 대만 기업이 만듭니다.

그래픽 카드는 주로 IT 업계의 개인용 컴퓨터와 소비자 전자 게임 콘솔 회사에 판매되며, 칩은 거의 100퍼센트 TSMC에서 제조됩니다. 젠슨 황은 자주 대만을 방문하며 대기업 회장들과 대부분 알고 지냅니다. 그는 대만 기업인들이 실패를 대하는 태도에 대해 이렇게 말했습니다.

"대만의 많은 회사 창업자들은 처음에는 실패를 두려워하지 않았습니다. 그렇지만 일단 성공하면 실패를 매우 두려워하게 되어 안전한 길로만 가려고 합니다. 이렇게 하면 많은 기회를 놓치게 됩니다."

"시도하지 않으면 경험을 통해 배울 수 없습니다."

"회사에서 전략, 기술, 제품의 실패를 시인하면 사람들은 일자리, 직위(권력, 급여), 체면을 잃을 수 있습니다. 하지만 저는 실패를 두려워하지 않습니다. 저에게 실패는 아무 의미가 없습니다."

◈ 돈이 없는 것을 두려워하지 않는다

"내가 실패를 두려워하지 않는 이유는 돈을 신경쓰지 않기 때문입니다. 어릴 때 부모님은 우리 형제에게 용돈을 주지 않았습니다. 어머니는 우리에게 '돈이 필요하면 말하라'고 하셨지만, 저는 한 번도 어머니께 용돈을 달라고 하지 않았습니다."

젠슨 황은 중학교 때부터 아르바이트를 해서 용돈을 벌기 시작했습니다. 창업에 성공한 후 1999년 엔비디아가 상장하자, 그의 재산 가치는 이전과는 비교할 수 없을 정도로 커졌습니다.

◈ 권력을 잃는 것을 두려워하지 않는다

"저는 권력을 잃는 것을 두려워하지 않습니다. 자신의 실패를 인정하지 않는 사람은 사람들의 신뢰를 잃고, 권력을 잃게 됩니다. 그렇기에 만약 제가 실수를 한 뒤에 그 실패에서 교훈을 얻어 경험으로 삼는다면, 사람들은 여전히 저를 신뢰할 것입니다."

◈ 체면을 잃는 것을 두려워하지 않는다

"제가 실패를 두려워하지 않는 세 번째 이유는 체면을 신경 쓰지 않기 때문입니다. 저는 스스로 어떻게 생각하는지만 신경 씁니다. 만약 저 스스로가, 우리 회사와 직원들이, 가족과 친구들이, 저를 자랑스러워한다면 그것으로 충분합니다. 다른 사람들이 어떻게 생각하는지에 마음을 두지 않습니다."

2-7

노력은 실행의 에너지로 쓸 때 값어치가 있다

젠슨 황은 끊임없이 노력하는 사람입니다. 노력에 대해 그는 각 시기마다 많은 말을 했습니다.

1. 1993년

"서른 살 때 저는 이미 열심히 일하는 좋은 습관을 길렀습니다. 제 가족들은 제가 일에 집중할 때 미친 사람처럼 보인다고 말했습니다."

2. 2003년 이후

"많은 사람들이 제가 성공했다고 말하지만, 저는 그렇게 생각하지 않습니다. 저는 단지 최선을 다해 인생에 후회가 없도록 노력할 뿐입니다. 저는 그때보다 더 잘할 수 없었다고 생각합니다. 당시 저는 할 수 있는 모든 일을 열심히 했습니다."

3. 알기는 쉽지만 행하기는 어렵다

"대부분의 아이디어는 누군가 이미 생각한 것들입니다. 똑똑한 사람들이 그토록 많은데 어째서 사업에서 성공하지는 못할까요? 핵심은 '그들이 생각은 너무 많이, 행동은 너무 적게 한다'는 것입니다."

2-8

주가 100달러 돌파,
엔비디아 문신을 왼쪽 팔에 새기다

사람을 이끄는 위치에 선 이들이 타인의 신뢰를 얻는 최상의 방책은 정직(Honesty)입니다. 진실됨(Integrity)이라고 표현할 수도 있습니다.

1. 정직의 효과

정직과 진실됨은 성경에서 매우 중요하게 다뤄집니다. 미국 건국의 아버지 중 한 명인 벤자민 프랭클린(Benjamin Franklin)이 쓴 『가난한 리처드의 달력』(Pool Richard's Almanac)에도 두 번 등장합니다.* 또한 이 단어들은 독일 사회학자 막스 베버(Max

Weber)의 주요 개념이기도 하며, 프로테스탄트 윤리와 자본주의 발전의 기초 중 하나가 되었습니다.

2. 젠슨 황의 문신은 진실됨의 증거

2023년 5월 30일 타이베이 난강구 세계무역전시관에서 열린 타이베이 컴퓨터 박람회에서, 젠슨 황은 QCT 부스에서 양치링 대표를 만났습니다. 황은 상징적인 검은 가죽 재킷을 벗고 왼쪽 팔에 있는 엔비디아 로고 문신을 보여주며 "이건 진짜예요!"라고 말하고, 양치링 대표에게 "당신의 QCT 문신은 어디에 있나요?"라고 물었습니다. 양치링은 웃으면서 옷에 있는 로고를 가리키며 "여기요"라고 대답했습니다. 이에 황은 다음에는 진짜 문신을 하라고 했습니다.

＊ 벤자민 프랭클린은 '리처드 손더스'라는 가명으로 1732년부터 1757년까지 25년 동안 달력(Almanac)을 간행했습니다. 개척이 진행 중이던 당시 미국에서는 시기별 기후와 천문학 정보, 농사 정보 등을 담은 달력이 항상 베스트셀러였는데, 프랭클린이 만든 『가난한 리처드의 달력』은 특히 인기가 높았습니다. 달력의 여백에 도덕적인 교훈이나 재치 있는 잠언, 삶에 관한 지혜, 심지어 수학 문제나 단어 퀴즈 등을 넣은 것이 장점이었다는 평가를 받습니다.

◈ 동료들과의 약속

젠슨 황의 문신은 그저 재미나 과시용이 아닙니다. 2016년 9월, 젠슨 황은 회사 회의에서 엔비디아 주가가 100달러를 돌파하면 무엇을 할지 동료들과 의논했습니다. 그리고 자신이 회사 로고로 문신을 하기로 결정했습니다.

◈ 실행

2017년 1월, 엔비디아 주가가 100달러를 돌파했습니다. 젠슨 황은 동료들과의 약속을 지켰습니다. 왼쪽 어깨 아래에 회사 로고를 새겼는데, 문신 과정에 대한 그의 감상은 "매우 아프다"였습니다.

2-9 살아남으려는 의지가 망하게 하려는 모든 의지보다 강하다

젠슨 황은 1993년 4월 창업 이후 총 일곱 차례 실패가 있었다고 말했습니다. 언론 보도에 따르면 엔비디아는 두 번이나 파산 직전까지 갔습니다.

1. 첫 번째 실패 NV1

1995년, 엔비디아는 첫 제품인 PC용 멀티미디어 카드 NV1을 출시했습니다. NV1은 2차 방정식 텍스처 매핑 기반 방식을 채택했는데 결과물이 썩 좋지 않았습니다. 제대로 된 3D 구현이 되지 않았고 가격은 비쌌습니다.

같은 해에 마이크로소프트는 폴리건 렌더링 기반의 다이렉트X(DirectX) 규격을 발표했고 이는 곧 업계 표준이 되었습니다. 그런데 NV1 칩은 이 규격과 호환되지 않았습니다. 곧 NV1 칩은 경쟁력을 잃고 시장에서 사라졌습니다.

엔비디아는 파산 직전이었습니다. 이때 일본의 세가가 손을 내밀었습니다.

2. 두 번째 실패 NV2

◈ 절대 강자 세가, 새로운 경쟁자 등장

일본 세가(1960년 설립)는 개인용 컴퓨터 게임 분야의 거물이었습니다.

1994년 1월 세가에서 콘솔 게임기 새턴(Saturn)을 출시했습니다. 이는 1994~1996년 세가의 주력 상품이 되었습니다. 1995년 5월에는 미국에서도 출시되었고 판매량이 100만 대를 돌파했습니다. 6월에는 새턴의 가격이 3만 4800엔으로 인하되었습니다.

1994년 12월 3일 일본 소니의 자회사인 소니 인터랙티브 엔터테인먼트가 TV 콘솔 게임기인 플레이스테이션(PlayStation)의 첫 번째 버전을 출시했습니다. 판매 가격은 2만 9800엔이었습니다.

◈ 엔비디아가 신세를 지다

세가는 소니 플레이스테이션의 대항마로 드림캐스트(Dreamcast) 개발에 착수했습니다. 그리고 GPU 개발을 당시 신생 스타트업에 가까웠던 엔비디아에게 맡겼습니다. 분명 기술적인 판단이 있었겠지만 당시 세가 엔터프라이즈의 사장이었던 이리마지리 쇼이치로(入交昭一郎)가 젠슨 황의 열정과 비전에 감명받은 영향이 컸다고 합니다.

세가는 그래픽 카드가 완전한 3D(Direct 3D)를 구현하기를 원했고, 그러기 위해서는 다각형 3D 기술이 필요했습니다. 엔비디아는 다른 회사들과는 다른 방식으로 NV2 개발에 접근했습니다. 하지만 세가가 원하는 만큼의 성과를 낼 수 없었습니다. 이를 깨달은 젠슨 황은 세가에게 엔비디아는 계약대로 개발을 완수할 수 없으니 다른 파트너를 찾기를 바란다고 밝혔습니다. 그러면서도 엔비디아에 약속한 대금을 전액 지불해 달라고 요청했습니다. 그렇지 않으면 엔비디아는 파산할 것이 분명했기 때문입니다.

NV2 칩은 세상에 나오지도 못하고 사라질 예정이었습니다. 뜻밖이었지만, 세가는 젠슨 황의 제안에 동의했습니다. 이리마지리 쇼이치로는 엔비디아 사무실로 직접 찾아와 드림캐스트 콘솔에는 다른 회사의 GPU를 사용하겠다고 말했습니다. 다만 "어떤 식으로든 엔비디아가 성공하길 원한다"고 말했고, 이후 세가 경영진을 설득해 엔비디아에 약 500만 달러를 추가 투자했습니다.

덕분에 엔비디아는 6개월을 더 버텼습니다. 1997년 8월, 자금이 바닥날 때쯤 엔비디아는 리바 128(RIVA 128) 그래픽 카드를 만들어 냈고, 이 새로운 그래픽 카드가 3D 시장을 뒤흔들었습니다.

3. 큰돈을 들여 연구 개발을 하다

2005~2006년 엔비디아는 외부 프로그램 개발자들이 사용할 수 있는 운영체제인 쿠다(Compute Unified Device Architecture, CUDA)[*]를 개발했습니다. 이는 2008년 구글이 출시한 스마트폰, 노트북 등의 운영체제인 안드로이드와 매우 유사합니다.

엔비디아는 CUDA 개발 기간 동안 총 5억 달러(일설에 의하면 3억 5000만 달러)를 투자했고 덕분에 순이익이 낮아 주가는 참담했

---

[*] CUDA는 엔비디아가 AI 분야에서 앞서가게 된 원동력으로 거론됩니다. 2007년 출시된 CUDA는 엔비디아 GPU의 병렬 연산 능력을 개발자들이 자유롭게 활용하게 만들어 준 도구입니다. 꽤 오랜 기간 동안 많은 개발자들이 참여하면서 상당한 규모의 생태계가 형성됐고, 이는 더 많은 AI 개발자들을 다시 엔비디아 GPU의 세계로 끌어들이는 역할을 했습니다. 2024년 3월에는 구글, 인텔, 퀄컴, 삼성 등이 주축이 된 컨소시엄 'UXL 재단'이 CUDA에 맞서는 인공지능 앱 개발용 오픈 소스 프로젝트를 진행 중이라는 보도가 나오기도 했습니다.

습니다.

젠슨 황은 거의 2년 동안 기관 주주들의 압박을 받았습니다. 1999년 엔비디아가 증시에 상장된 후, 젠슨 황의 지분율은 단지 3.85퍼센트에 불과해 전문경영인에 가까웠습니다.

참고로 현재 엔비디아의 주식은 법인이 68.9퍼센트를 소유하고 있습니다. 상위 10대 법인이 35퍼센트, 최대 주주는 뱅가드(The Vanguard Group, Inc.)의 다섯 개 펀드로 총 7.99퍼센트를 차지합니다. 개인은 32.9퍼센트로, 회사 직원 등이 4.18퍼센트를 차지하며 그중 젠슨 황이 3.5퍼센트를 차지합니다.

4. CUDA 출시로 순이익 개선

2007년 CUDA가 출시된 후, 순이익이 개선되어 주가가 17.81달러까지 올랐습니다.

젠슨 황은 스스로를 이렇게 평가했습니다.

"어떤 사람들은 내가 그들이 본 가장 완고한 CEO라고 말합니다. 이것이 칭찬인지는 확실하지 않습니다. 하지만 나는 (회사를) 살아남게 하려는 내 의지가 (회사를) 망하게 하려는 거의 모든 의지보다 강하다는 것은 매우 확신합니다."

2005~2007 회계연도 엔비디아 경영 실적

연도	2005	2006	2007
매출	23억 달러	28억 2000만 달러	37억 달러
순이익	5100만 달러	7480만 달러	4억 5000만 달러
주당 순이익	0.05 달러	0.14 달러	0.21 달러
주가	2.8달러	5.07달러	7.8달러

2-10

최장 기간 CEO 자리를 지킨
명랑한 일 중독자

성공하기 위해서는 노력과 끈기가 필수입니다. 노력하는 사람이라도 끈기가 없다면, 좌절이 닥쳤을 때 포기할 가능성이 높습니다.

일반적으로 '끈기'를 설명할 때, 가장 간단한 답은 "계속 실패해도 계속 도전하는 것"이라는 표현입니다. 2차 세계대전 당시 영국 총리 윈스턴 처칠(Winston Churchill)은 다음과 같이 표현했습니다.

성공은 열정을 잃지 않으면서 실패를 거듭하는 것이다.
Success consists of going from failure to failure without loss of enthusiasm.

1. 노력과 끈기를 모두 갖추다

노력과 끈기를 기준으로 도표를 그린다면 젠슨 황은 1사분면에 속합니다. 다시 말해 노력과 끈기를 모두 갖춘 사람이라 할 수 있습니다.

| 노력과 끈기의 사분면 |

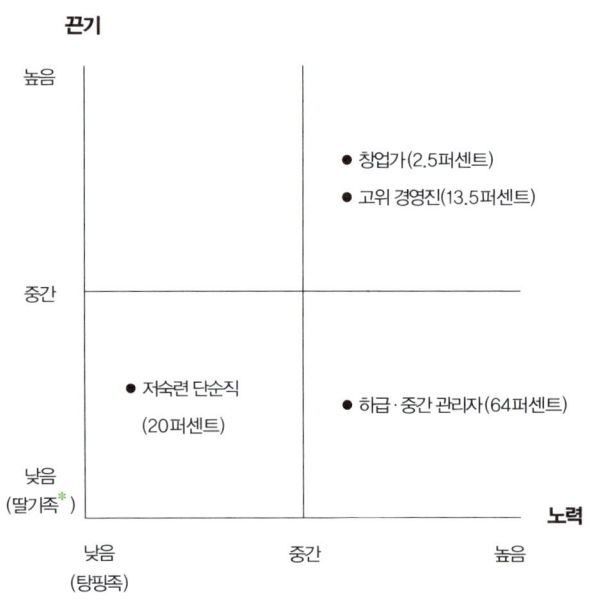

* 딸기족(草莓族)은 대만에서 나온 신조어로, 젊은층 가운데 겉모양은 산뜻해도 금방 물러지는 딸기처럼 스트레스에 취약하고 쉬이 좌절하는 이들을 가리킵니다.

◈ **1사분면**

제1사분면에 속하는 사람은 노력도 하고 끈기도 있는 승자입니다. 직업인 전체의 16퍼센트를 차지합니다. 이 집단은 두 가지 유형으로 나뉩니다.

- 창업가: 2.5퍼센트
- 고위 경영진: 13.5퍼센트

◈ **2사분면**

노력하지는 않는데, 끈기가 높은 이 사람들의 직장 내 직급을 판단하기는 비교적 어렵습니다.

◈ **3사분면**

노력하지 않고 끈기도 낮은 집단으로, 전체의 20퍼센트를 차지합니다.

이 유형의 사람들은 직장에서 퇴출될 가능성이 있습니다. '실망 노동자'* 또는 '완전 탕핑족'(全躺平族)**이라고 하며, 노동 인

---

* '실망노동자'(discouraged worker)는 구직을 시도했으나 어려워서 결국 장기간 구직 활동을 포기한 상태에 놓인 집단을 가리킵니다. 국내에서는 '구직단념자'라고 표현하기도 합니다.

구의 13퍼센트를 차지합니다.

만약 취직 상태라 해도, 중노년 연령대에도 여전히 저숙련 단순직으로 일하며, 노동 인구의 19퍼센트를 차지합니다.

◆ 4사분면

노력은 하지만 끈기가 부족한 이들로, 직업인의 64퍼센트를 차지합니다.

이 집단은 평범한 사람들입니다. 노력은 하기 때문에 여러 경로를 거쳐 하급, 중간 관리자까지는 승진을 합니다. 그러나 끈기가 부족하기 때문에 '계속 실패해도 계속 도전하는' 능력이 없어 더 올라가기 위한 동력이 모자랍니다.

✳✳ 중국어 탕핑(躺平)은 '편하게 드러눕는다'라는 뜻으로 젊은이들이 최소한의 생계만 유지하는 수준에서 경제 활동을 하는 것을 의미합니다. 중국 본토에서는 20~30대 도시 청년이 중국 경제 발전의 혜택을 볼 수 없고 가난을 벗어날 희망이 없어 현 체제에 저항하는 차원에서 취하는 정치적 행위로 해석합니다. 대만에서는 취업하지 않고 정부보조금만으로 생활하는 '완전 탕핑', 취업은 했지만 연애·결혼 등 계획은 없고 게임 등 개인 여가에 집중하는 '반탕핑', 차도 사고 집도 살 경제력을 갖추고 인생을 즐기되 결혼·출생 계획은 없는 '마이크로 탕핑', 결혼은 하지만 출생은 하지 않는 '결혼 탕핑' 등으로 분류합니다.

2. 미국 대기업 역사상 최장 기간 CEO

대부분의 사람들은 오랫동안 일하면 어느 정도씩은 번아웃(Burnout, 소진) 증후군을 경험하게 됩니다. 이는 미국의 유명한 심리학자 허버트 프로이덴버거(Herbert Freudenberger)가 다년간의 임상 심리상담 경험을 바탕으로 1980년에 저술한 『번아웃: 성과가 높으면 그 대가도 높다』(Burnout: The High Cost of High Achievement)라는 책에서 제시한 개념입니다.

하지만 젠슨 황의 경우, 일반 사람들이 보기에는 마치 듀라셀 배터리 광고의 토끼처럼 끝없는 에너지를 가진 사람 같습니다.

미국 S&P 500 지수에 포함되는 기업의 리더 가운데, 젠슨 황은 CEO로서 재직 기간이 가장 깁니다.

1993년 4월 창업부터 2023년까지 엔비디아의 대표이사 겸 CEO로 30년을 일했습니다.

◈ 창업자들은 대부분 55세부터 2선으로 물러난다

미국 대기업 창업자들은 회사가 궤도에 오르면 대개 새로운 CEO를 임명하고 자신은 2선으로 물러나 이사회 의장을 맡습니다. 2000년 1월 마이크로소프트의 빌 게이츠(당시 55세), 2021년 아마존의 제프 베조스(당시 57세)가 대표적인 예입니다.

◆ **30년 일하고, 30년 더 일하고, 그 다음에는…**

2023년 2월 21일 엔비디아 기술 컨퍼런스(GTC)에서 젠슨 황은 최장 기간 CEO로서의 감상을 묻는 기자의 질문에 다음과 같이 답했습니다.

"방금 취임한 것 같습니다. 아마 30년 더 일해서 90세까지 일하고, 그 다음에는 인공지능 로봇으로 변해서 30년 더 일할 수 있을 것 같습니다."

3. 일과 휴식

젠슨 황은 매일 아침 6시 15분에 일어나 1시간 운동한 후, 아침 식사를 하고 회사에 출근합니다.

퇴근 후에는 가족과 저녁 식사를 하고, 그 후에 다시 일을 시작합니다. 피곤해질 때까지 일하다가 잠자리에 듭니다.

이는 매우 힘들어 보이지만, 그는 일을 '놀이'로 여깁니다. 왜냐하면 자신이 관심 있는 일을 하기 때문입니다. (출처: 「아시아 비즈니스 리더」(Asia Business Leaders, 2021년 12월 2일)

◈ 일과 생활을 구분하지 않는다

젠슨 황은 일과 생활을 구분 짓지 않습니다.

"일은 생활과 같고, 일은 숨 쉬는 것처럼 자연스럽습니다. 나는 일이 더 이상 일처럼 보이지 않을 때까지 즐겁게 일합니다. 내 방식은 일과 생활을 똑같이 여기는 것입니다. 내가 일을 사랑하면 가족도 내 일을 사랑하게 될 것입니다.

내가 엔비디아에서 일하는 즐거움을 나누면, 가족들도 엔비디아를 좋아하게 됩니다. 나는 고집이 세서 지금까지 일을 꾸준히 해왔고, 피곤함을 느낀 적이 없습니다."

◈ 자아실현의 즐거움

젠슨 황이 이렇게 말할 수 있는 이유는 엔비디아의 목표가 컴퓨터의 기능을 향상시키는 것이기 때문입니다. 특히 다른 회사가 하지 못하는 것을 하고자 해서입니다. 이런 미지의 영역을 탐구하는 것은 사람을 흥분시키기 마련입니다.

젠슨 황이 1993년 4월 엔비디아를 설립한 때는 대개의 창업자들과 같은 생각이었습니다. 1943년 미국 심리학자 아브라함 매슬로(Abraham H. Maslow)가 발표한 '욕구 단계 이론'을 적용하면* 창업자들은 그중 가장 높은 단계인 '자아 실현'을 추구합니다.

4. 예의 바른 자선가

기업가로서 젠슨 황은 새로운 기술 발명과 압도적 성능 확보로 자아를 실현합니다. 반면 '인간' 젠슨 황은 따뜻한 남자라고 할 수 있습니다.

● 2010년 젠슨 황은 그의 모교인 오네이다중고등학교에 200만 달러를 기부하여 '황 홀'(Huang Hall)을 지었습니다. 이 건물은 기숙사와 교실로 쓰입니다.
● 2013년 젠슨 황은 모교인 스탠퍼드대학교에 3000만 달러를 기부하여 공학 센터를 설립했습니다.
● 2022년 젠슨 황은 모교인 오리건주립대학교에 2500만 달러를 기부하여 슈퍼컴퓨팅 센터를 설립했습니다. 또한 다른 학교들에도 3000만 달러를 기부했습니다.

젠슨 황은 보살필 줄 알고 배려심 깊은 사람입니다. 자신이

---

* 매슬로의 욕구단계설은 인간의 욕구가 그 중요도에 따라 일련의 단계를 형성한다는 이론입니다. 구체적으로는 가장 낮은 단계의 생리적 욕구에서부터 안전의 욕구, 애정의 욕구, 존중의 욕구를 거쳐 가장 높은 단계인 자아실현 욕구까지 5단계로 분류됩니다. 이처럼 인간의 욕구는 병렬적으로 나열된 것이 아니라, 하위 단계의 욕구가 우선 충족되어야 그 다음 단계의 욕구가 발생하게 된다는 이론입니다.

가진 커다란 사랑을 행동으로 표현하는 사람이라고 할 수 있습니다.

5. 엔비디아의 사명

2023년 5월 27일 젠슨 황은 대만대학교 졸업식에서 다음과 같은 일화를 소개했고, 이는 대만대학 교수진 및 학생들에게 특별한 의미를 전달했습니다.

2012년께 젠슨 황은 장 교수의 초청을 받아 처음 대만대학교를 방문하면서 그의 실험실을 견학했습니다. 실험실은 방 전체를 엔비디아 지포스 그래픽 카드로 채우고, PC와 다퉁(대만 전기제품 제조사)의 선풍기를 사용하여 자체적으로 '대만식 슈퍼컴퓨터'를 만들어 양자 시뮬레이션에 활용하고 있었습니다. 이는 엔비디아 역사에서 하나의 기념비적 사건이 되었고, 젠슨 황은 자부심을 느꼈습니다.

당시 장 교수는 "황 선생님, 당신의 노력 덕분에 제가 평생의 업적을 이룰 수 있었습니다"라고 말했습니다. 젠슨 황은 이 한마디가 지금까지도 그를 감동시키는 말이자, 엔비디아의 사명을 가장 완벽하게 보여주는 말이라고 했습니다. 바로 이 시대의 다빈치, 아인슈타인 같은 재능 넘치는 사람들이 평생의 업적을 이룰 수 있도록 돕는 것입니다.

- 마루이쉬안, 「경제일보」, 2023년 5월 27일

6. 타인을 대하는 자세

 젠슨 황은 대만에서 많은 일화를 남겼습니다. 다양하고 흥미로운 일화들은 어느덧 사람들의 일상적 대화에도 스며들었습니다. 그중 한 가지 이야기를 해보겠습니다. 이 이야기를 듣고 나면 젠슨 황이 직원들을, 또 다른 사람들을 대하는 마음이 어떠한지를 알 수 있습니다.

◆ **나는 당신을 응원해!**

 2022년 11월, 타이베이 엑스포공원에서 열린 e스포츠 축제 와이어포스(Wirforce)에 젠슨 황 등 엔비디아 경영진이 참석했습니다. 많은 e스포츠 회사 제품들이 엔비디아의 칩을 사용하기 때문입니다.

 11월 4일 저녁, 행사장 밖에서 온리뮤직 소속 가수 두 명이 라이브 방송을 하고 있었습니다. 젠슨 황과 동료들이 저녁 식사를 마치고 지나가는 모습이 화면에 들어왔고, 두 가수가 그들에

2022년 11월 타이베이 엑스포공원에서 리이러(李以樂)와 리신팅(李欣庭)이 진행하던 라이브 방송 도중 젠슨 황이 출연해 함께 시청자들에게 인사를 하는 모습이다. (출처: https://youtu.be/uL8KEzQ0J84?si=eobONgRHCkqRVPeG)

게 말을 걸었습니다.

"우리 노래 들어보시겠어요? 지금 라이브 중이에요."

젠슨 황의 동료가 물었습니다. "시청자가 몇 명이나 되나요?"

"400명이요." 그늘이 대납했습니다.

젠슨 황은 "오! 400명밖에 안 되나요!"라더니 화면에 얼굴을 들이밀었습니다.

젠슨 황은 두 사람이 매우 열심히 한다고 느꼈습니다. 그리고 그들에게 도움을 주고 싶었습니다. 젠슨 황은 두 사람에게 자기를 아는지 묻고는, 레이디 가가의 '홀드 마이 핸드'(Hold My Hand)

를 좋아한다며 불러달라고 신청했습니다. 젠슨 황은 가수들과 함께 노래를 부르고 사진을 찍었습니다.

　　젠슨 황의 생각은 단순했습니다. 그들의 조회수를 올려주고 싶었던 것입니다.

　　2023년 5월 말, 젠슨 황에 대한 폭발적인 관심 덕분에 이 영상의 조회수는 100만 회를 넘겼습니다.

3장

한계를 넘어서는 젠슨 황의 아이디어 실행력

행동하는 아이디어만이 살아남는다

2023년 5월 24일, 인공지능 칩 제조사 엔비디아의 시가총액이 1조 달러를 돌파하여 전 세계에서 일곱 번째로 1조 달러 기업이 되었습니다.

산업이 호황이고 주가가 고점을 달리면, 기업의 의장과 CEO는 전 세계 10대 부자가 되기도 합니다. 테슬라 CEO 일론 머스크는 2021년부터 대부분 기간 동안 세계 최고 부자였습니다. 젠슨 황의 엔비디아 지분율은 3.5퍼센트로 앞으로 주가 상승에 따라 순위가 더 올라갈 전망입니다.

3-1

IT 발전의 끝은 AI, 우리는 어디에 있는가

AI는 산업의 어느 영역에 속할까요? 정답은 정보기술(IT)입니다. 더 정확히는 4C 산업 중 1C인 컴퓨터 산업에 속합니다.

1948년 UN 경제사회이사회가 제정한 국제표준산업분류(ISIC)는 총 4단계입니다.* 대분류는 제조업(Manufacturing)에 해당하는 C류 공업이며, 중분류는 26(컴퓨터, 전자제품 및 광학제품 제조업), 소분류는 2(컴퓨터 및 주변기기 제조업), 세분류는 0(컴퓨터 및 수변기기 제조업)에 해당합니다.

* ISIC(International Standard Industrial Classification of All Economic Activities)는 국제적 합의를 통해 산업활동을 분류한 것으로 국가 간 통계 비교의 정합성 등을 위한 분류 체계입니다. 대분류(문자) 21개와 중분류(두 자리 숫자), 소분류(한 자리 숫자), 세분류(한 자리 숫자)로 구성되며, 세분류 안에 상세 항목이 열거됩니다. 번역에서는 유엔통계국(UNSD)이 2008년 발행한 4차 개정본 내용을 반영했으며 원문과 다소 차이가 있습니다.

국제표준산업분류 C2620에는 다음과 같은 항목이 포함됩니다.

- 메인프레임(예: 슈퍼컴퓨터)
- 컴퓨터 서버(예: 데이터 센터)
- 마이크로컴퓨터와 개인용 컴퓨터(예: 데스크톱, 노트북, 태블릿 컴퓨터 등)

1. 매크로 환경

◆ 게임 콘솔 PS1에서 PS5까지

일본 소니 그룹 산하의 소니 인터랙티브 엔터테인먼트는 1995년 TV 게임 콘솔 PS1을 출시했습니다. 그리고 2020년 11월 PS5까지 평균 5년마다 새로운 세대의 콘솔을 출시했습니다.

◆ IT 진화 4단계

IT 진화는 4단계로 구분됩니다. 그중 클라우드 컴퓨팅(Cloud Computing)은 중요한 전환점입니다. 2007년부터 스마트폰이 대중화되면서 점차 개인용 컴퓨터를 대체했습니다. 스마트폰의 프로세서와 메모리는 제한적이어서 클라우드 컴퓨팅에 기반한 강력한 서버 서비스가 필요해졌습니다. 서버 서비스 덕분에 빠른 연산 등의 기능이 가능해졌습니다.

시작점은 일반적으로 아마존 산하의 아마존 웹 서비스(AWS)를 기준으로 삼습니다. AWS는 2002년 7월 클라우드 서비스를 시작했고, 2006년 3월부터 클라우드 컴퓨팅 서비스를 시작했습니다.

참고로 정부와 기업을 대상으로 한 클라우드 컴퓨팅 서비스는 이미 1970년부터 시작되었습니다.

2. AI 발전의 두 단계

우리가 기억하는 AI 기술의 발전은 두 단계의 시기에 걸쳐 있습니다.

◆ 2016년 알파벳의 알파고

'알파고' 하면 생각나는 장면이 있으실 겁니다. 바로 세계 바둑 최강자 이세돌 9단과의 대결 장면입니다.

알파고는 알파벳(전 구글) 산하 영국 기업인 구글 딥마인드가 개발한 판별식 인공지능입니다. 2016년 3월 컴퓨터 소프트웨어인 알파고(AlphaGo)가 세계 바둑 최강자인 이세돌 9단을 상대로 4승 1패로 승리했습니다. 이 사건은 바둑 분야뿐만 아니라 전 세계적으로 다양한 파문을 일으켰습니다.

◈ 2022년 1월 오픈AI의 챗GPT

미국의 오픈AI가 2022년 1월 30일 인공지능 챗봇 챗GPT(ChatGPT)를 출시했습니다. 챗GPT는 마이크로소프트의 애저 클라우드 서버를 빌려서 서비스를 시작했습니다.

IT 진화 4단계

시기		1970년대	1980년대	1990년대	2000년대	2010년대	2020년대
1단계. 개인용 컴퓨터 (단위: 대)	구분	도입기	성장기		성숙기		쇠퇴기
	데스크톱	-	1억 5700만	1억 5500만	8000만	8000만	7000만
	노트북	-	2억 100만	2억 900만	2억 2250만	2억 7700만	2억 7200만
	태블릿	-	-	1900만	7600만	1억 6350만	1억 6000만	1억 4100
	소계	-	3억 7700만	4억 4000만	4억 6600만	5억 1700만	4억 8300만
2단계. 인터넷 서비스	구분	도입기		성장기	성숙기		쇠퇴기
	주요 서비스	-	-	야후, 구글	페이스북, 유튜브, 트위터	인스타그램, 틱톡	-
3단계. 클라우드 컴퓨팅	구분	도입기			성장기	성숙기	
	주요 서비스	정부 및 기업 대상 서비스	-	-	AWS, 알리바바, 구글	애저, IBM	-
4단계. AI 상용화	구분	도입기				성장기	
	주요 서비스	-	-	아이보	룸바	시리, 알파고	챗GPT, 미드저니, 클로드, 애미나이

※ 태블릿 행의 열 정렬에 유의: 원본에서는 1980년대부터 값이 시작됨.

3-2

판별식 AI에서 생성형 AI로, 무엇이 인간을 대체하는가

AI 응용 가능 영역을 알아보기 위해서 그래프를 하나 그려보시기 바랍니다.

기본 틀을 잡는 방법을 알려드리겠습니다. 가로 축은 시간으로 설정합니다. 1세대 AI부터 2세대 AI로 나아가게 그리세요. 세로 축은 한 국가의 총생산(GDP)을 1~3차 산업(농업, 공업, 서비스업)으로 나누세요.

이렇게 구분해 보면 명확하고 이해하기 쉽습니다. 그래프를 하나 그려보는 것만으로도 전체를 보는 시야를 가지게 될 것입니다.

| 세대와 산업 전반에 걸친 AI 응용 분야 |

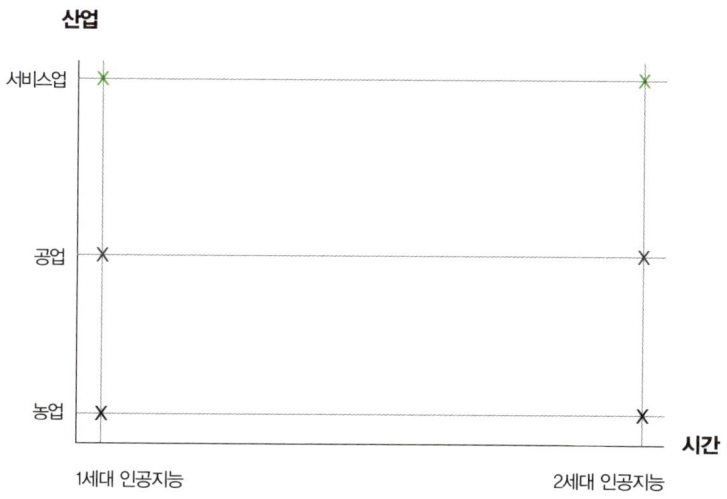

1. 2012년 판별식 AI

◈ 판별식 인공지능이 인간을 학습

내셔널지오그래픽 채널의 프로그램인 '메가팩토리'(Megafactories) 테슬라 편을 보면 인공지능이 학습하는 장면이 나옵니다. 공장에서 작업자가 로봇 팔을 조작하여 용접, 도장 등을 하는 과정을 상세히 진행합니다. 로봇 팔은 사실상 '손에 손 잡고' 방식으로 인간의 작업 방법을 학습하는 것입니다.

◈ 테슬라 공장의 자동 조립

자동차 공장의 4대 공정은 엔진, 차체, 도장, 조립(의장)입니다. 테슬라는 이 가운데 후반의 두 공정에서 95퍼센트를 로봇 팔이 수행합니다. 중국 상하이 공장에서는 모델 Y(Model Y) 한 대를 생산하는 데 평균적으로 약 45초가 걸립니다.

2. 2022년 11월 생성형 AI

◈ 생성형 AI가 사물을 학습

2023년 2월, 챗GPT에 대한 수많은 언론 기사 나왔습니다. 언론에서는 GPT-4 버전이 약 13세 청소년의 지능 수준을 가졌다고 설명했습니다.[*]

◈ 생성형 AI가 저숙련 노동력과 반복적 작업을 대체

무인 택시를 예로 들어볼까요. 미국과 중국 일부 도시에서는 이미 AI 택시 영업 허가가 나왔습니다. 이는 자율주행의 최고 단

---

[*] 물론 그보다 높다는 이야기도 있습니다. 2023년 3월 나온 기사를 보면, GPT-4는 미국 모의 변호사시험에서 10등(100명 응시 기준), 미국 대학입학자격시험(SAT)의 읽기와 수학에서는 각각 7등과 11등을 기록했다고 합니다.

계인 5단계(완전 자동화)에 도달한 것입니다.* 앞으로 택시 운전사들은 차차 일자리를 잃게 될 것입니다.

3. 각 단계별 산업에서의 AI 활용

대만의 2022년 총 생산액 중 1차 산업(농업), 2차 산업(공업), 3차 산업(서비스업)이 각각 차지하는 비율이 다르며 그 영향도 각기 다릅니다.

◈ **판별식 AI**
주로 농업과 공업에 활용됩니다.

◈ **생성형 AI**
주로 서비스업에 활용됩니다. 로봇의 지능이 진화함에 따라 저숙련 노동 집약적 작업(예: 전화 고객 응대 서비스)부터 지식 집약적 작업(예: 은행 재무 업무)까지 대체하게 될 것입니다.

* 미국자동차공학회(SAE)는 자율주행을 0단계 비자동화, 1단계 운전자 보조(스마트 크루즈 컨트롤 등), 2단계 부분 자동화(고속도로 주행 보조 등), 3단계 조건부 자동화(교통혼잡 시 저속주행 등), 4단계 고도 자동화(지정 도로와 조건하에 자율주행), 5단계 완전 자동화로 분류합니다.

| 2022년 대만 GDP 중 1~3차 산업이 차지하는 비율 |

구분	GDP	2016년 판별식 AI	2022년 11월 생성형 AI
농업	1.41%	정밀농업 (Precision agriculture)	스마트 드론, 스마트 농업 로봇 등
공업 (제조업, 건축업, 전력)	34.17%	무인공장	-
서비스업	61.00%	-	-
1. 도소매업	15.83%	리테일테크, 리테일3.0, 스마트 스토어 등	리테일4.0, 무인 매장 (캐셔리스 스토어) 등
2. 금융보험	6.41%	은행3.0, 인터넷 보험사, 인터넷 증권사 등	은행4.0, 로보어드바이즈 등
3. 행정 및 기타 　(이동, 주거, 　의료 등)	5.49%	스마트 가구, 원격 진료 등	무인 택시(인터넷 예약), 스마트 의료 등

3-3

인공지능 하드웨어의 상류, 칩을 설계하는 엔비디아

AI 산업은 하드웨어와 서비스 측면으로 나눌 수 있습니다.

하드웨어 측면은 상류, 중류, 하류로 나뉩니다. 중류에는 전원 공급 장치(예: 델타 일렉트로닉스), 방열(예: 아우라 테크놀로지), 메인보드 등의 모듈이 있습니다. 하지만 이들의 생산 가치 중 AI 서버 공정에 해당하는 부분이 얼마인지 정확히 구분하기는 어렵습니다.

1. 상류: 칩 설계 기업

이 부분은 인텔과 순수 칩 회사인 엔비디아, AMD와 연관됩니다. 대부분 글로벌 반도체 파운드리 회사인 TSMC의 5나노미터, 3나노미터 미세 공정으로 처리됩니다.*

2. 하류: 서버 기업

일명 '전자 5형제'로 불리는 콴타, 위스트론, 콤팔, 아수스, 폭스콘이 이에 해당합니다. 글로벌 서버 OEM의 90퍼센트는 대만 기업들이 맡습니다.

---

* 반도체 산업에서 파운드리(Foundry)는 설계 디자인을 위탁받아 생산하는 기업을 의미합니다. 반도체 칩의 제조설비는 막대한 연구개발 비용과 관리 비용이 필요합니다. 그렇기 때문에 대규모로 반도체 칩을 제조하는 업체가 아니면 제조설비(Fab)를 직접 보유하기 어렵습니다. 이 때문에 제조설비를 보유하지 않은 기업의 요청에 따라 제조를 담당하는 기업이 필요한데, 이를 파운드리라고 합니다. 다량의 칩을 제조하는 데서 오는 효율성을 특징으로 하며, 2024년 기준 국가별 시장점유율은 대만(66퍼센트), 한국(11퍼센트), 미국(10퍼센트), 중국(9퍼센트) 순입니다. 반대로 주문을 내는 발주사는 팹리스(Fabless) 기업들로 퀄컴, 엔비디아, 브로드컴, 미디어텍, AMD 등이 있습니다.

| 글로벌 AI 하드웨어 생산량 |

(단위: 달러)

시기		2021년	2022년	2023년	2024년	2025년	2026년	2027년
상류	AI 칩	112억	165억	219억	284억	368억	477억	1278억
	파운드리	1080억	1217억	1095억	1205억	1264억	1330억	1395억
하류	서버	1051억	1230억	1255억	1404억	1555억	1706억	1860억
	AI 서버 점유율	1.5%	4%	8%	15%	22%	24%	28%

참고: 2024년 이후는 예상 수치

글로벌 IT 기업, 인공지능을 서비스하다

AI 서비스 측면은 대략 두 가지로 나눌 수 있습니다. AI 서비스 플랫폼과 클라우드 컴퓨팅 기업입니다.

1. AI 서비스 플랫폼

대표적인 예는 오픈AI입니다. AI 서비스 플랫폼 기업들은 비즈니스 소프트웨어 기업과 유사합니다. 독일의 SAP나 미국의 세일즈포스처럼 응용 플랫폼을 개발하여 다른 기업에 판매합니다. 다른 기업들은 플랫폼을 구매 또는 임대하여 자신의 필요에 맞게 수정해 사용합니다.

2. 클라우드 컴퓨팅 서비스 기업

다양한 AI 소프트웨어를 기업이 수정해 운영하려면 슈퍼컴퓨터의 지원이 필요합니다. 이는 클라우드 컴퓨팅 서비스 기업의 업무입니다.

| 글로벌 IT 서비스 생산량 |

(단위: 달러)

시기	2018년	2019년	2020년	2021년	2022년	2023년	2024년
합계	9408억	9497억	9290억	1조 294억	1조 1146억	1조 2038억	1조 2907억
IT 아웃소싱	1728억	2143억	2676억	3714억	4149억	5296억	5826억
정부, 기업 자체 운영	7680억	7354억	6614억	6580억	6997억	6742억	7081억

3-5

무엇이 엔비디아의
우월한 이익을 만드는가

세 기업의 2022년(엔비디아는 2023 회계연도, 나머지는 2022년 2월부터 2023년 1월까지) 손익계산서를 통해 각 회사의 매출 규모, 영업 원가 및 영업 비용 비율을 비교해 보겠습니다.

1. 매출

매출 규모를 보면, AMD를 1로 상정할 때 인텔은 2.67, 엔비디아는 1.14입니다.

- 인텔: 630억 달러

- 엔비디아: 270억 달러
- AMD: 236억 달러

2. 원가와 비용

◆ 원가율

원가율 측면에서는 엔비디아 40퍼센트, 인텔 57.62퍼센트, AMD 64퍼센트입니다. AMD는 공장 부담이 없기 때문에 공장을 운영하는 인텔보다 낮아야 하고, 오히려 엔비디아와 비슷해야 합니다. 그럼에도 원가 비율이 높은 것은 제품 가격을 중간 수준으로 책정하여 전략적으로 인텔의 시장을 공략해 왔기 때문입니다.

◆ 비용율

비용율 측면에서는 엔비디아 36.4퍼센트, 인텔 36.68퍼센트, AMD 30.65퍼센트입니다. AMD가 낮은 이유는 연구개발 비용이 매출의 21.19퍼센트로, 다른 두 경쟁사보다 6퍼센트 낮기 때문입니다.

3. 세 가지 수익성

엔비디아는 아래 세 가지 수익성 지표에서 경쟁사들을 크게 앞섭니다. 엔비디아 제품이 더 특수하고 가격이 높아 수익성이 더 높습니다.

- 매출 총 이익률: 엔비디아 59퍼센트, 인텔 42.38퍼센트, AMD 36퍼센트
- 영업 이익률: 엔비디아 20.6퍼센트, 인텔 3.7퍼센트, AMD 5.3퍼센트
- 순이익률: 엔비디아 16.19퍼센트, 인텔 12.72퍼센트, AMD 5.69퍼센트

| 2022년 엔비디아, 인텔, AMD 손익계산서 구조 비교 |

(단위: 달러)

구분		엔비디아		인텔		AMD		산업 평균
매출		270억	100%	630억	100%	236억	100%	-
	- 매출 원가	116억	43%	363억	57.62%	151억	64%	-

총 이익		154억	57%	267억	42.38%	85억	36%	56%
	- 연구개발 비용	73억 3390만	27.18%	175억	27.78%	50억	21.19%	-
	- 영업 비용	-	-	-	-	-	-	-
	- 관리 비용	24억 4000만	-	68억 1700만	-	18억 8400만	-	-
	- 기타 비용	-	-	-	-	-	-	-
영업이익		55억 7700만	20.6%	23억 3600만	3.7%	12억 6400만	5.35%	30.76%
+ 영업 외 수입		500만	-	11억 6600만	-	800만	-	-
- 영업 외 지출		14억 100만	-	42억 6600만	-	8800만	-	-
법인세 차감 전 순이익		41억 8100만	15.48%	77억 6800만	12.33%	11억 8400만	5.02%	29.06%
	- 법인세	1억 8700만	-	2억 4600만	-	1억 3600만	-	-
당기 순이익		43억 6800만	16.18%	80억 1400만	12.72%	13억 2000만	5.6%	25.96%
주식당 당기 순이익		1.7		1.94		0.84		15.77%

출처: investing.com

3-6

폭발적인 성장,
새로운 거인의 등장

　단일 연도 수치만 봐서는 추세를 파악하기 어렵습니다. 지금부터 5년치 데이터를 비교해 보겠습니다.

　다음 표의 회사 순서는 다른 표와 차이가 있습니다. 다른 표는 대부분 '엔비디아-인텔-AMD' 순이지만, 이 표는 '인텔-AMD-엔비디아' 순서입니다. 이유는 회계연도 때문입니다. 인텔과 AMD는 연초부터 연말까지를, 엔비디아는 전년도 2월부터 당년 1월까지(예: 2023년도는 2022년 2월부터 2023년 1월까지)를 회계연도 1년으로 셈합니다. 따라서 엔비디아의 2023 회계연도는 본질적으로 인텔과 AMD의 2022 회계연도와 동일합니다.

2018~2022년 엔비디아, 인텔, AMD 경영 실적

(단위: 달러)

인텔	2018년	2019년	2020년	2021년	2022년	평균 성장율
매출	708억	720억	779억	790억	630억 5400만	-2.5%
순이익	211억	210억	211억	194억	80억	-19.5%
발행 주식 수	42억 주	44억 5000주	42억 9000주	41억 3000주	41억 주	-
주당 순이익 (EPS)	4.69	4.72	4.91	4.69	1.95	-14.4%
주가	47	59	50	52	28	-11.4%
주가 수익비율 (PER)	10배	12배	10배	11배	14배	-
시가총액	2115억	2624억 5000만	2145억	2157억 6000만	1148억	-11.2%

AMD	2018년	2019년	2020년	2021년	2022년	평균 성장율
매출	64억 7000만	67억 3000만	97억 6000만	164억 3000만	236억	40.7%
순이익	3억 3000만	3억 4000만	23억 5000만	33억 4000만	66억	95.5%
발행 주식 수	11억 주	12억 주	12억 주	12억 주	16억 주	-

주당 순이익 (EPS)	0.3	0.29	1.87	2.78	3.95	67.6%
주가	19.5	45	92	148	110	52.2%
주가 수익비율 (PER)	65배	155배	49배	53배	28배	-
시가총액	21억 4500만	54억	110억 4000만	177억 6000만	176억	60.4%

엔디비아	2019년	2020년	2021년	2022년	2023년	평균 성장율
매출	117억	109억	166억 7500만	269억	270억	23.5%
순이익	40억	27억 8000만	44억	97억	96억	27.6%
발행 주식 수	63억 주	62억 주	62억 주	63억 주	62억 주	-
주당 순이익 (EPS)	6.35	4.4	7.15	15.4	15.5	25.6%
주가	145	135	240	290	280	16.9%
주가 수익비율 (PER)	23배	31배	34배	18배	18배	-
시가총액	914억 8500만	837억	1488억	1827억	1736억	16.7%

출처: investing.com

1. 매출 성장률

◆ **엔비디아**

매출 평균 성장률은 23.5퍼센트입니다. 2022년과 2023년도 매출이 각각 269억 달러, 270억 달러로 큰 차이가 없습니다. 덕분에 성장률이 AMD보다 낮게 나타났습니다.

◆ **인텔**

인텔 매출은 2021년 790억 달러로 정점을 찍었지만, 이듬해인 2022년엔 20퍼센트 급락했습니다. 매출 평균 성장률은 -2.5퍼센트입니다.

◆ **AMD**

AMD의 매출 평균 성장률은 40.73퍼센트로 엔비디아보다 더 빠릅니다.

2. 수익률 성장률

◆ 순이익 추이

순이익 평균 성장률은 엔비디아 27.6퍼센트, 인텔 -19.5퍼센트, AMD 95.5퍼센트입니다. AMD의 급부상을 한눈에 알 수 있습니다.

◆ 주당순이익 추이

주당순이익 평균 성장률은 엔비디아 25.6퍼센트, 인텔 -14.4퍼센트, AMD 67.6퍼센트입니다. 엔비디아도 높은 성장률을 보이지만 AMD의 성장률이 월등합니다.

3. 주식 시장 실적

◆ 주가 추이

엔비디아의 주가는 평균 16.9퍼센트 상승했습니다. 인텔은 평균 11.4퍼센트 하락, AMD는 52.2퍼센트 상승했습니다. 반도체 제왕이라 불리던 인텔의 하락세가 완연합니다.

◆ 시가총액 추이

엔비디아는 시가총액이 평균 16.7퍼센트 상승했습니다. 인텔은 가장 안타까운 상황으로 평균 11.2퍼센트 하락했습니다. AMD는 60.4퍼센트 상승으로 눈에 띄는 성장률을 보여줍니다.

◆ 주가수익비율(PER) 추이

가장 높은 PER*은 AMD 155배, 엔비디아 34배로 '꿈의 PER' 수준입니다. 가장 낮은 PER은 인텔의 10배로 전통 산업 주식보다 낮은 수준입니다.

◆ 총평

인텔은 매출과 순이익에서 여전히 큰 규모를 유지하지만 최근 몇 년간 성장세가 둔화되었습니다. 반면 엔비디아와 AMD는 매출과 순이익이 빠르게 성장했습니다.

---

* 주가수익비율(PER)은 기업의 시장가(시가총액)를 한 해 수익(당기순이익)으로 나눈 값입니다. 기업의 수익이 일정하다고 가정할 때 몇 년 만에 투자원금(시가총액)을 회수할 수 있는지를 알 수 있습니다. PER이 높은 건 주식가격이 이익에 비해 많이 올랐다는 의미로, 성장에 대한 기대감이 높아 주식이 인기가 많다는 얘기입니다. 하지만 실제 성장이 시장의 기대만큼 받쳐주지 않으면 하락할 가능성도 높습니다.

3-7

엔비디아는
어디까지 성장할까

엔비디아, 인텔, AMD는 기술기업인 만큼 신기술이나 새로운 제품의 성능이 매우 중요합니다. 하지만 대부분 투자자들이 가장 관심을 갖는 것은 그들의 매출과 주가 예상입니다.

1. 자료 출처

미국에는 최소 열한 개의 주가 예측 웹사이트(향후 7~8년 예측)가 있습니다. 대부분은 월가의 증권사 애널리스트 서른여덟 명이 낸 예상의 평균값을 사용합니다.

2. 매출

◈ **2025년 엔비디아 매출 600억 달러**

엔비디아의 매출은 인텔(제조 부문 포함)을 넘어설 가능성이 있으며, 퀄컴도 앞설 것으로 보입니다.

◈ **AMD 성장 제한 전망**

AMD의 AI 칩은 2024년 1분기에 소량 공급될 예정입니다. 하지만 큰 도움이 되지 않을 것으로 보입니다.

3. 주가

엔비디아 주가는 급등하면서 애플, 테슬라의 선례를 뒤따를 선망입니다.

AMD 주가는 2025년 205달러, 시가총액 305억 달러로 예상됩니다. 매년 약 10퍼센트 상승할 것으로 보입니다.[*]

---

[*] AMD 주가는 2024년 3월 205달러를 넘어섰으며 한때 최고치인 227.3달러를 기록했습니다.

4장

억만장자가 된
기업가의 원칙

지킬 것은 지키되 부술 것은 부순다

초기 컴퓨터 프로세서 경쟁에서는 1968년 7월에 설립된 인텔이 우위를 차지했습니다. 1969년 5월에 설립된 AMD는 인텔보다 단 10개월 늦었을 뿐이지만 시기와 인력 모두 인텔에 미치지 못했습니다. 인텔의 매출은 AMD의 세 배에 달했습니다.

1993년 4월에 설립된 엔비디아는 인텔보다 25년이나 늦었습니다. 하지만 처음부터 틈새 시장인 개인용 컴퓨터와 TV 게임 콘솔의 디스플레이 카드(그래픽 카드 또는 비디오 카드라고도 함)에 집중했습니다. 이 시장은 상대적으로 작아서 인텔이나 AMD가 그리 신경을 쓰지 않는 시장이었습니다.

4-1

올바른 시작이
성공의 절반이다

　　디스플레이 카드는 3C 제품의 이미지 처리에 중점을 둡니다(가장 간단한 예로, 2D 게임을 3D처럼 보이게 만듭니다). 디스플레이 카드는 원래 작동을 위해 PC나 게임 콘솔의 중앙처리장치(CPU)로부터 연산 기능을 '빌려와야' 했습니다. 시간이 지나면서 엔비디아는 디스플레이 카드에 빠른 계산 기능을 추가하면 경쟁사보다 우위를 점할 수 있겠다는 아이디어를 얻었습니다.

　　1999년 8월 31일 엔비디아는 세계 최초의 그래픽 처리 장치(GPU)를 출시했습니다. 간단히 도식화하면 이렇게 됩니다.

　　GPU = 그래픽 카드 + 부분적 CPU

◆ 병렬 컴퓨팅(Parallel Computing)에 집중하다

2012년부터 인공지능은 알파벳(전 구글), 마이크로소프트, 아마존 등 빅테크 기업들에 의해 자율주행차, 얼굴(또는 물체) 인식 연구 개발에 점차 활용되기 시작했습니다. 그리고 이는 엔비디아의 칩과 기술 개발 플랫폼(2007년 6월 CUDA)에 의존했습니다.

AI 프로세서와 기술 플랫폼 분야에서 엔비디아는 2020년 5월 14일 A100 칩을 출시했습니다. 2022년 3월 2일엔 4.5배 이상 성능이 향상된 H100 칩을 출시했고, 가격은 개당 2만 500달러에서 3만 달러 수준입니다. 2023년 6월, AMD는 MI300X 칩 계획을 발표했는데, 성능이 H100의 약 2.5배지만 2024년에 출시될 예정이며 가격은 아직 미정입니다.[*]

2020년부터 엔비디아는 AI 칩 시장을 지배하며 전 세계 시장에서 80퍼센트 이상의 점유율을 기록하고 있습니다. 인텔과 AMD에 비해 시기와 인력이 부족했던 회사가 1999년부터 새로

---

[*] AMD는 2023년 12월 MI300 시리즈를 공개했고 실제로 트랜지스터, 메모리, 메모리대역폭 등에서 H100보다 높은 성능을 자랑했습니다. 2024년 2월 시티그룹의 비공식 추정 가격 자료를 인용한 언론 보도를 보면, MI300X의 개당 가격은 1만 달러에서 1만 5000달러 선입니다. 같은 시기 4만 달러를 웃돌던 H100의 25~37.5퍼센트 수준으로 매우 저렴합니다. AMD의 CEO 리사 수는 12월 MI300 시리즈 공개 당시 "AMD 칩을 고객이 구매하도록 설득하려면 엔비디아 칩보다 구매 및 운영 비용이 더 저렴해야 한다"며 가격 경쟁을 공식화했습니다. 다만 엔비디아 또한 2023년 11월 용량과 대역폭을 개선한 H200을 공개하는 등 성능 경쟁 또한 여전히 진행된다는 점도 눈여겨볼 필요가 있습니다.

운 영역에서 선제적으로 대응하여 초기에 시장을 선점하고 선발자 이점(First mover advantage)을 누려왔습니다.

이 모든 공로는 엔비디아의 의장 겸 CEO인 젠슨 황의 선견지명 덕분입니다. 이 위대한 업적으로 그는 탁월한 현상급 기업가(Phenomenal entrepreneur)로 불리게 되었습니다.

4-2

새로운 유형의
현상급 기업가 젠슨 황

1. 현상급 인물

황제의 위대함을 표현할 때 흔히 '대제'라고 부릅니다. 예를 들어 러시아의 표트르 대제, 중국의 한무제 등이 있습니다. 최근에는 '현상급'이라는 표현으로 한 인물의 위대함을 드러내기도 합니다. 기업가로는 스티브 잡스가 대표적입니다.

◆ 단어의 기원과 조건

'현상급'(Phenomenal)이라는 형용사는 1998년 이탈리아 신문이 AC 밀란의 슈퍼스타 브라질 축구선수 호나우두(Ronaldo L.N. de Lima)를 현상급 축구선수라고 표현한 데서 유래했습니다.

이후 '현상급'은 '전설적인'이라는 의미로 다양한 상황에 사용됩니다. 사람이라면 전설적 기업가나 예술가를 표현할 때 사용합니다. 사물의 예를 들면 스타벅스의 프라푸치노, 한국 드라마 〈대장금〉 등이 있습니다.

현상급 인물이라 불리려면 세 가지 조건을 충족해야 합니다.

- 과정: 타고난 것만으로는 안 됩니다. 예컨대 중국 농구선수 야오밍(姚明)은 키가 229센티로 그만큼 큰 사람을 찾기 힘듭니다. 하지만 야오밍을 '현상급'이라고 하지는 않습니다. 188센티인 스테픈 커리(Stephen Curry)는 오히려 자격이 됩니다. 그의 3점 슛은 꾸준한 연습으로 만들어졌고, 미국 프로농구에서 3점 슛에 관한 다양한 기록을 세웠습니다.
- 공개적 인정: 전 세계 주요 미디어와 기관의 인정이 필요합니다.
- 비범한 영향: 후세에 중대한 영향을 미쳐야 합니다.

2. 기존의 현상급 기업가

세계적으로 공인을 받는 '현상급 기업가'는, 두 가지 관점에서 그 공헌을 체계적으로 설명할 수 있습니다. 대부분 한 도시에서 한 나라로, 한 나라에서 여러 나라로, 대륙을 넘어 전 세계로, 물결처럼 안에서 밖으로 퍼져나갑니다. 그리고 미디어에서 그 공헌을 인정받습니다. 지금까지 미국의 현상급 기업가는 두 사람이 있었습니다.

◆ 스티브 잡스

한 회사 또는 한 경영자가 평생 동안 하나의 킬러 제품을 내놓기도 어려운데, 잡스는 재임 기간 최소 네 개의 킬러 제품(영화 포함)을 출시했습니다.

2009년 「포춘」은 그를 "21세기 가장 위대한 CEO, 창의성과 선견지명을 갖췄으며, 똑똑하기까지 한 인물"이라고 찬사를 보냈습니다. 영국 「이코노미스트」는 그를 "인류의 삶을 완전히 바꾼 인물"이라고 표현했습니다.

◆ 일론 머스크

일론 머스크는 테슬라, 스페이스엑스, 엑스(전 트위터) 등의 CEO 겸 경영자입니다.

위키백과에 나오는 '일론 머스크가 받은 상과 영예' 리스트는 항목이 많으면서도 다양합니다.

2010년 3월 미국에서 『일론 머스크』(Elon Musk)라는 책이 출판되었습니다. 2017년 5월에는 대만 천하문화출판사에서 『철의 사나이 머스크』라는 제목으로 번역 출간되었습니다.

이 책에서 양스판 등 두 사람이 쓴 글에는 "앞으로 10년 동안 당신은 그에 대해 계속 듣게 될 것입니다. '아이언맨' 일론 머스크가 미래를 바꾸는 10가지 능력"이라는 대목이 나옵니다.

3. 새로운 현상급 기업가, 젠슨 황

2020년 10월 29일 일본 도쿄에서 열린 소프트뱅크 월드 컨퍼런스에서 소프트뱅크 그룹 회장 손정의는 젠슨 황과 온라인 대화를 나눴습니다. 그는 2016년 젠슨 황과 식사했던 것을 언급하며 이렇게 말했습니다.

"애플의 스티브 잡스가 이룬 큰 공헌은 아이폰입니다. 이는 지난 10년 동안 인류의 삶을 바꾸었습니다. 저는 앞으로 10년 동안 인류의 삶에 영향을 미칠 사람은 당신(젠슨 황)이 될 것이라고 생각합니다."

◆ 젠슨 황에 대한 공개 인정

- 2021년 9월 「타임」: 세계에서 가장 영향력 있는 인물 100인
- 2021년 8월 미국 반도체산업협회(SIA): 로버트 N. 노이스 상
- 2020년 10월 유로스타 「오토모티브 뉴스 유럽」: 올해의 공급업체 CEO
- 2019년 하버드대학교 「하버드 비즈니스 리뷰」: 세계 100대 CEO
- 2017년 「포춘」: 올해의 사업가
- 2003년 팹리스반도체협회(FSA): 모리스 창 모범 리더십 상

◆ 비범한 영향

젠슨 황은 기술력에서 비범한 영향을 끼쳤습니다. 무어의 법칙에 이은 황의 법칙을 만들었습니다.

- 무어의 법칙: 인텔의 두 창업자 중 한 명인 고든 무어(Gordon E. Moore)가 1975년 관찰한 결과에 따르면, 단일 칩의 평균 트랜지스터 수는 24개월마다 두 배로 증가합니다(또는 비용이 절반으로 감소합니다). 인텔의 임원 데이비드 하우스(David House)는 1977년께 이 같은 변화가 18개월마다 이뤄진다고 설명했습니다. CPU 개발에서 나타난 이 변화의 주기를 '무어의 법칙'이라

고 부릅니다.*

- 황의 법칙: 엔비디아는 세 개의 연구개발팀을 설립하여 각 버전을 릴레이식으로 개발합니다. GPU는 6개월마다 새 버전을 출시하며, 무어의 법칙(18개월) 주기를 3분의 1로 단축했습니다.

2018년 5월 미국 캘리포니아 산호세에서 열린 엔비디아 기술 컨퍼런스에서 젠슨 황은 엔비디아의 GPU 개발 주기를 '황의 법칙'(Huang's Law)이라고 명명했습니다.**

◈ 젠슨 황 프리미엄

2023년 5월 24일 히스토리툴스(historytools.org)에 올라온 '젠슨 황은 엔비디아를 얼마나 보유했는가'(How Much of NVIDIA Does Jensen Huang Actually Own?)라는 글을 보면, 엔비디아의 주가수익비율은 동종 업계 평균보다 15퍼센트 높습니다. 이 글의

---

* '무어의 법칙'이라는 용어는 캘리포니아공과대학교 교수 카버 미드(Caver Mead)가 지은 것입니다. 고든 무어는 1965년 최초 발견 당시 1년에 2배씩 증가하는 것으로 봤으나, 10년이 지나 1975년에는 2년에 2배씩 증가한다고 정정했습니다. 그러나 대중적으로 널리 알려진 주기는 하우스의 수정본에 따른 18개월입니다.

** 이보다 16년 전인 2002년 삼성전자 기술총괄 사장이었던 황창규는 메모리반도체 집적도가 1년에 두 배씩 늘어난다는 또다른 '황의 법칙'(Hwang's Law)을 제시했습니다. 그러나 2008년 삼성이 128GB 메모리를 발표하지 않아 이 법칙은 깨졌습니다. 젠슨 황과는 영문 철자가 다릅니다.

글쓴이는 이를 '젠슨 황 프리미엄'이라고 부릅니다. 젠슨 황이 엔비디아 주가에 미치는 영향이 크다는 뜻입니다.

만약 젠슨 황이 회사를 떠나게 되면 엔비디아의 PER이 하락할 것이라는 의미이기도 합니다.

미국의 현상급 기업가 3인의 약력

인물	스티브 잡스	일론 머스크	젠슨 황
학력	리드대학교 중퇴 (1972~1974)	펜실베이니아대학교 물리학·경제학 학사 (1995)	스탠퍼드대학교 전기학 석사 (1992)
현직	-	테슬라, 스페이스엑스 CEO	엔비디아 의장 겸 CEO
경력	• 애플 이사회 의장 (1997~2011) • 픽사 CEO(1986~2005)	• 엑스 회장(2022년 10월 이후) • 페이팔 창업 및 CEO(1999~2002) • 집2(Zip2) 창업 및 이사회 의장(1995~1999)	• LSI 로직 마이크로프로세서 설계사 (1985~1993) • AMD 마이크로프로세서 설계사(1983~1985)
중대한 영향	1. 컴퓨터 • 1977년 4월 개인용 컴퓨터 애플2 출시 • 2010년 4월 아이패드 출시 2. 영화 • 1986~2005년 픽사 애니메이션 스튜디오를 이끌었으며, 픽사는 2021년까지 23차례 아카데미상을 수상 3. 음악 • 2001년 10월 음악 플레이어 아이팟 출시 • 2002년 8월 음악 스토어 아이튠즈 출시 • 2007년 6월 아이폰 출시 4. 2022년 7월 조 바이든 대통령이 통찰력, 상상력, 창조력 등을 치하하는 '자유 메달' 수여	1. 전기차 • 2009년 3월 테슬라 모델S 출시, 글로벌 전기차 열기 확산 2. 솔라시티 • 2016년 솔라시티를 20억 달러에 인수해 옥상 태양 에너지 기술에 진출 3. 스페이스엑스 • 2019년 통신위성 위주의 저궤도위성 발사 시작 • 2020년 5월 유인우주선 4. 2024년부터 포드, GM이 테슬라의 충전 방식을 채택하기로 결정하면서, 미국·캐나다가 테슬라 충전 커넥터 기술을 표준화	1. 판별식 AI • 2010년 초 알파벳이 판별식AI 사업 개시 • 스탠퍼드대학교 이미지넷이 이미지 인식 대회에서 우승 • 2016년 알파벳의 알파고가 바둑왕 이세돌 9단과의 대국에서 승리 2. 생성형 AI • 2022년 11월 오픈AI가 생성형 AI 챗봇 챗GPT를 출시 • 마이크로소프트 클라우드컴퓨팅 기업 애저가 엔비디아 칩을 사용함

4-3

기술, 전략을 뛰어넘는 젠슨 황의 독보적 인간관계력

뛰어난 기업은 많습니다. 그중에서도 엔비디아가 특별한 이유는 무엇일까요? 저는 지도자 젠슨 황의 존재가 매우 큰 부분을 차지한다고 생각합니다. CEO는 기업이 어디로 어떻게 갈지 모두 결정하는 아주 중요한 자리이니까요.

이번 꼭지에서는 지도자로서 젠슨황의 능력을 알아보기 위해서 엔비디아, 인텔, AMD 즉 컴퓨터 프로세서 3강의 경영 능력을 비교해 보려고 합니다.

제가 만든 회사 경영자 능력 평가표를 사용하여 젠슨 황(엔비디아), 팻 겔싱어(인텔), 리사 수(AMD)의 점수를 매겨보았습니다.

1. 경영인의 세 가지 능력

1955년 3월 미국 뉴햄프셔주 다트머스 대학교 교수 로버트 카츠(Robert L. Katz)가 「하버드 비즈니스 리뷰」에 경영인이 갖춰야 할 능력 세 가지를 발표했습니다. 바로 기술, 대인관계, 개념화 능력입니다.

이후 많은 학자들이 이를 인용했고, 1975년 「하버드 비즈니스 리뷰」는 이를 다시 열두 페이지에 걸쳐 게재하고 단행본으로도 출판했습니다.

2. 경영자 능력 평가표

2016년 저는 졸저 『평생 배워야 할 직장 황금 강의』에서 카츠의 세 가지 분류를 조금 더 세분화했습니다. 다음 표는 5중분류 기준으로 세 경영인을 평가한 것입니다. 크게 첫 번째 열은 분류 주제, 두 번째 열은 기준, 세 번째 열은 각 인물에 대한 평가 점수를 보여줍니다.

| 젠슨 황, 팻 겔싱어, 리사 수 경영자 능력 평가 |

세 가지 능력		기준				인물		
중분류	소분류	비중	하	중	상	젠슨 황	팻 겔싱어	리사 수
기술적 능력	학력	학력	10%	학사	석사	박사	7점	7점	10점
	경력	대기업 과장 이상	5%	1곳	3곳	5곳	2점	5점	5점
		재임 지역	5%	1개국	3개국	5개국	1점	1점	1점
개념화 능력	기업 성장 방향	방향의 정확성	20%	10%	50%	100%	18점	8점	12점
		5년 로드맵	10%	10%	50%	100%	9점	4점	6점
	실행1	성장 방식	20%	내부 성장	합자	인수	18점	18점	18점
		성장 속도	10%	10%	22%	30%	9점	1점	5점
대인 관계	실행2	관리 능력	10%	하위 10%	상위 50%	상위 10%	10점	8점	10점
		직원 만족도	10%	하위 10%	상위 50%	상위 10%	10점	5점	10점
계			100%	-	-	-	84점 (A+)	57점 (D)	77점 (B+)

출처: 우중셴, 2023

- **젠슨 황: 84점(A+ 등급)**

젠슨 황은 A+ 등급의 기업가로 평가됩니다. 이는 최상위급입니다.

- **팻 겔싱어: 57점(D 등급)**

팻 겔싱어는 인텔에서 재무 성과가 매우 나쁘며, 새로운 제품으로 상황을 역전시킬 능력도 부족합니다.

- **리사 수: 75점(B+ 등급)**

리사 수는 AMD에서 재무 및 주식 시장 성과가 좋습니다. 하지만 AI 칩에서 엔비디아와 비교하면 '2등 주의'라고 할 수 있습니다.

4-4

학력과 경력으로는
뒤지지 않는다

세 사람의 학력과 경력은 각각 다릅니다.

1. 엔비디아의 젠슨 황

◆ 1. 학력

대학 졸업 후 6년간 일하고 다시 석사 과정을 공부했습니다. 이론과 실무를 융합하는 능력이 더 뛰어날 것으로 보입니다.

◆ 2. 경력

두 곳의 기업에서 약 7년간 일했습니다.

2. 인텔의 팻 겔싱어

◈ **1. 학력**

학사에서 석사까지 연속해서 공부했습니다.

◈ **2. 경력**

겔싱어는 인텔에서만 일한 것처럼 생각하기 쉽지만, 2012년 8월부터 2021년 2월 14일까지 클라우드 컴퓨팅 서비스 회사 브이엠웨어의 의장을 역임했고, 델의 대표이사 겸 COO(2009~2012)로도 일했습니다. 2021년 2월 15일 인텔로 다시 스카우트되어 CEO가 되었습니다.

3. AMD의 리사 수

◈ **1. 학력**

천재형 인물이라 할 수 있습니다. 매사추세츠공과대학교(MIT)에서 학사, 석사, 박사를 8년 만에 마쳤습니다. 박사 학위 취득 당시 나이는 25세였습니다.

◆ **2. 경력**

기술 부문 위주로 일했습니다.

2014년 10월부터 2022년 1월까지 AMD의 대표이사 겸 CEO를 역임했습니다.

재무 및 주식 시장 성과 면에서 리사 수는 주목할 만한 성과를 보였습니다. 크라이슬러를 적자에서 흑자로 전환한 리 아이아코카(Lee Iacocca)의 반도체 기업 버전이라고 할 수 있습니다.

2022년 2월부터 AMD의 의장 겸 CEO를 맡았습니다. 연봉은 8672만 달러입니다. 언론에서는 리사 수를 반도체 업계에서 가장 높은 급여를 받는 경영자라고 말합니다.

젠슨 황, 팻 겔싱어, 리사 수의 학력 및 경력

구분	엔비디아	인텔	AMD
경영인	젠슨 황	팻 겔싱어	리사 수
출생	1963년 2월 17일	1961년 3월 5일	1969년 11월 7일
학력	• 스탠퍼드대학교 전자공학 석사 (1991~1992) • 오리건주립대학교 전기공학 학사 (1981~1984)	• 스탠퍼드대학교 전자공학 석사 (1983~1985) • 산타클라라대학교 전기공학 학사 (1979~1983)	• 매사추세츠공과대학교 박사(1994), 석사, 학사
창업 경험	1993년 엔비디아 공동 창업	창업 경험 없음	창업 경험 없음
대기업 경험	• LSI 로직(1985~1992) 과장 • AMD(1983~1985) 칩 설계 엔지니어	• 1993년 인텔 부사장 (당시 32세, 인텔 최연소 부사장) • 2001년 인텔 CTO, 클라우드컴퓨팅 서비스 브이엠웨어 의장(2012~2021)	• AMD 대표이사 겸 CEO(2014~2022) • AMD 글로벌 담당 부사장(2012~2014) • 프리스케일 반도체 (2007~2011) • IBM(1995~2007) • 텍사스 인스트루먼트 (1994~1995)

특별한 인재와 회사는
특별한 일을 해야 한다

젠슨 황이 엔비디아를 어떤 기업으로 포지셔닝했는지 살펴보겠습니다. 주요 참고 자료는 2016년 9월 28일 대만의 「상업주간」입니다.

1. 혁신 모델을 위해선 혁신가가 필요하다

◈ **오직 우리만 할 수 있는 일**

젠슨 황은 엔비디아의 포지셔닝을 다음과 같이 표현했습니다.

"특별한 인재와 회사는 특별한 일을 해야 합니다. 다른 사람도 할 수 있다면 그것은 특별하지 않습니다."

"똑똑한 사람들은 필요한 일에 집중합니다."

"이 세상에 자신이 하는 일이 세계 최고라고 말할 수 있는 사람이나 기업이 얼마나 있을까요? 거의 없습니다."

"당신은 회사와 직원들에 대한 책임이 있습니다. 이 놀라운 재능을 낭비해서는 안 됩니다."

"다른 회사가 이미 잘하는 일에 시간을 낭비하지 마세요. 오직 우리만 할 수 있고 다른 사람은 할 수 없는 일을 해야 합니다. 그것이 우리가 존재하는 이유입니다."

"(기술 산업은 기술과 제품의 기회로 가득합니다.) 회사가 성공하려면 대표와 직원들이 호기심을 가져야 합니다. 계속 물어보세요. 어떻게 하면 더 좋아지고, 놀랍고, 멋져질까요? 이것이 미래를 상상하는 방법입니다. 그렇게 선제적으로 대응하면, 사업은 게임과 같아집니다. 고통스럽고 힘든 과정이 아닌 거죠. 사람은 어린아이처럼 세상을 바라봐야 하고, 너무 냉소적이어서는 안 됩니다."

◆ 타격을 하지 않으면 홈런도 없다

젠슨 황은 이렇게 말했습니다.

"새로운 기술(제품)에 투자한다고 해서 반드시 트렌드가 올 것이라는 보장은 없습니다. 하지만 투자하지 않으면 새로운 시대를 창조할 수 없습니다."

"회사 대표로서 불확실한 미래와 편안하게 공존하는 능력을 가져야 합니다."

"사업은 잘될 때도 있고 잘 안 될 때도 있어요. 우리는 전략적으로 결정을 내리는 겁니다. 그렇게 하면 새로운 곳에 다다를 수 있습니다."

엔비디아 공동 창업자 중 한 명인 크리스 말라코프스키는 언젠가 이런 말을 했습니다.

"젠슨 황은 2등이 되는 것을 좋아하지 않습니다. 그것은 패자를 의미하기 때문입니다."

2. 1999년 GPU 출시

◈ 무너뜨릴 수 없을 만큼 큰 회사는 없다

1961년 5월 25일 미국 존 F. 케네디(Jonh F. Kennedy) 대통령이 달 탐사 목표를 설정했을 때, NASA는 장거리 로켓 발사 능력이 없었습니다. 8년간의 연구 개발 끝에 1969년 7월, 아폴로 11호가 인류의 달 착륙 임무를 완수했습니다.

젠슨 황은 말합니다. "회사가 작을 때는 (큰 회사들을) 앞지를 훌륭한 전략을 생각해 내고 집중적으로 실행해야 합니다. … 자신이 하는 일이 최고라고 믿으면 큰 기업도 대단할 게 없습니다."

◆ 방법만 있다면 무엇이든 가능하다

대만의 한 컴퓨터 회사 부사장이 말했습니다. "대만 업계는 '경험상 이것은 불가능하다'고 말하는 경향이 있습니다."

그러자 젠슨 황은 "빛의 속도로 생각해 보세요"라고 답했습니다. 결과적으로 젠슨 황의 말이 옳았습니다.

4-6

GPU부터 AI까지, 혁신은 멈추지 않는다

1999년 8월 31일 엔비디아는 첫 번째 GPU를 출시했습니다. 이는 비디오 카드에 일부 CPU 기능을 더한 것이라 할 수 있습니다. 주요 기능은 PC와 게임 콘솔의 3D 컬러 효과였지만, 병렬 컴퓨팅 능력으로 고성능 컴퓨팅(HPC)을 한 단계 발전시켰습니다.

2010년부터 이 제품이 AI의 딥러닝에 응용되면서, 엔비디아 AI 사업의 첫 단계 문을 열었습니다.

1. 네트워크 시대

전체 기술 환경의 변화가 일어났습니다. 게임 유통 경로가

CD에서 네트워크 다운로드로 점차 전환되었습니다. 이 단계에서 개인 이용자들은 PC와 콘솔용 게임을 온라인에서 직접 구매해 이용할 수 있게 되었습니다.

2. 엔비디아의 대응

네트워크 시대에 엔비디아는 칩과 기술 플랫폼에서 빠르게 트렌드를 따라잡았고, 2010년부터는 AI 발전을 지원했습니다.

- 1999년 10월 11일 첫 번째 GPU인 지포스(GeForce 256)를 출시했습니다.
- 1991년 9월 17일 리눅스(Linux) 운영 체제를 적용했습니다.
- 2001년 12월에는 씨지(C for Graphics, Cg)를 출시했습니다. Cg는 게임 개발자들이 자신만의 스타일대로 개발할 수 있는 프로그래밍 언어입니다.* Cg의 단점은 두 가지였습니다. 칩 기능이 완전히 지원되지 않고, 사용하기 어려웠습니다. 따라서 게임 개발자

---

* Cg는 엔비디아가 마이크로소프트와 협력해 개발한 C언어 계열의 프로그래밍 언어입니다. C언어와 동일한 문법을 사용하지만, 일부 기능을 변형하여 GPU 프로그래밍에 적절하게 만들었습니다. 마이크로소프트는 고급 셰이더 언어(High Level Shader Language, HSLS)라고 부릅니다.

들이 학습하는 데 많은 시간을 투자해야 했습니다. 하지만 덕분에 회사 매출이 개선되었고 주가가 1달러 선에서 안정되었습니다. 젠슨 황은 이렇게 말했습니다. "Cg 덕분에 엔비디아가 범용 GPU를 적극 개발할 수 있었고, 그래서 생존하고 발전할 수 있었습니다."

3. CUDA 개발

◈ Cg의 확장 버전 CUDA

CUDA는 2007년 6월 23일에 출시되었습니다. 개발자들은 CUDA에서 C++ 등의 고급 언어를 사용할 수 있습니다. CUDA 개발은 연산 부문 부사장 이언 벅(Ian Buck)이 담당했습니다. 이언 벅은 2004년 엔비디아에 합류했고, 스탠퍼드대학교에서 컴퓨터 공학 박사 학위를 받았습니다.

◈ CUDA의 부진

CUDA가 출시되고 나서 개발 기간(2005~2006년)에 비해 순이익이 개선되어 주가도 올랐습니다. 하지만 2011년까지 그다지 큰 관심을 받지는 못했습니다. 엔비디아의 시가총액은 10억 달러에 머물렀습니다.

◆ **젠슨 황의 자기 평가**

젠슨 황은 꾸준히 공부하고 최선을 다해 선택하지만 자신이 다른 사람들보다 더 큰 통찰력을 가졌다고 생각하진 않는다고 말했습니다.

| 프로세서 3강의 GPU와 기술 플랫폼 |

(2020년 10월까지)

구분		GPU	AI 칩
엔비디아	칩	1999년 8월 지포스256(NV10) 출시, 최초의 GPU라 불림	-
	기술 플랫폼	2000년 Cg 출시	2007년 6월 CUDA 출시
인텔	칩	1998년 2월 인텔 그래픽 가속 카드(Intel740) 출시	2010년 1월 인텔 HD그래픽스 출시
	기술 플랫폼	2000년 6월 오픈CV(OpenCV) 출시	-
AMD	칩	2000년 4월 캐나다 ATI가 라데온 그래픽카드를 출시	2006년 2월 AMD가 ATI를 인수
	기술 플랫폼	-	2016년 11월 ROCm (라데온 오픈 컴퓨터) 출시

4-7

준비된 자세로
2013년 AI 원년을 맞은 엔비디아

1945년 최초의 컴퓨터(ENIAC)가 출시된 이후 인류는 컴퓨터로 계산하기 시작했습니다. 1953년부터는 인공지능(AI)에 대한 연구가 시작되었고 1991년 인공 신경망 개발, 2007년 딥러닝 개발이라는 사건이 있었습니다. 이후 2011년과 2012년, 알파벳과 이미지넷이라는 두 전환점을 거치며 전 세계에서 AI 상용화 열풍이 일어났습니다.

1. 구글

구글은 인공지능 상용화를 주도했으며, 몇 가지 큰 사업 기회가 있었습니다. 검색 엔진 관련 기술을 2006년 이전부터 개발해 왔고, 인공지능 분야에서의 주요 발전은 2010년대 초반부터 본격화되었습니다.

구글은 2016년 자체 인공지능 칩을 개발하기 전까지 엔비디아의 GPU를 많이 활용했습니다. 특히 딥러닝 모델 훈련에 많이 사용했는데 이는 구글의 프로젝트가 CUDA의 병렬 컴퓨팅 플랫폼과 잘 호환되었기 때문입니다.

◈ 구글 스트리트 뷰

2007년 스탠퍼드대학교 전기공학과 교수인 독일계 미국인 세바스찬 스런(Sebastian Thrun)[*]이 휴가 중에 일부 학생 및 알파벳 관계자들과 함께 구글 스트리트 뷰 서비스를 개발했습니다.

◈ 인공지능 딥러닝

2008년 스탠퍼드대학교 전기공학과 교수 앤드류 응(Andrew Ng)이 인공지능 딥러닝에 GPU를 어떻게 사용할지를 주제로 한 논문을 발표했습니다. 그의 부모는 홍콩 출신으로 영국으로 이민

---

[*] 세바스찬 스런은 구글의 비밀연구소인 구글엑스를 창립하고 구글 자율주행 자동차 개발을 이끈 세계적인 AI 연구자입니다. '자율주행차의 아버지'로 불리기도 합니다. 지금은 세계 최대 규모 온라인 강좌 플랫폼 유다시티의 대표이며, 스탠퍼드대학교의 겸임교수입니다.

갔습니다.

◈ 자율주행차

2009년 1월부터 구글은 자율주행차 연구를 추진했습니다. 처음에는 구글의 엑스 랩(2010~2011년) 산하의 연구 프로젝트였으며, 2016년 12월 웨이모라는 법인으로 독립했습니다. 프로젝트는 세바스찬 스런이 주도했고, 총 일곱 대의 차량이 있었습니다. 2012년 4월 1일 외부에 공개하며 알파벳의 두 창업자와 CEO가 차에 탑승했습니다.

◈ 엑스 설립

2010년 구글은 캘리포니아 샌프란시스코 베이 에리어에 구글 엑스를 설립했고, 후에 명칭을 엑스(X)로 변경했습니다. 두 창업자 중 한 명인 세르게이 브린(Sergey M. Brin)이 직접 이끈 것으로 알려졌습니다. 브린은 스탠퍼드대학교에서 컴퓨터 과학 석사 학위를 취득했습니다.

◈ 엑스에 앤드류 응 합류

구글의 CEO 래리 페이지(Larry Page), 엑스의 총책임자 세바스찬 스런, 앤드류 응이 2010년 캘리포니아 팔로알토에서 함께 저녁 식사를 하며 응의 구글 합류 가능성을 논의했습니다.

◆ 구글 브레인 설립

2011년 구글 브레인을 설립했습니다. 구글의 두 직원과 앤드류 응이 함께 이 연구 프로젝트를 주도했습니다. 수익이 매우 컸기 때문에 이후 이 프로젝트는 구글이 직접 관리했습니다.

◆ 자체 인공지능 칩 출시

2016년 5월에는 알파벳*이 자체 인공지능 칩을 출시했습니다. 텐서 프로세싱 유닛(Tensor Processing Unit, TPU)입니다. TPU는 기계 학습 작업, 특히 구글의 텐서플로우(TensorFlow) 프레임워크를 사용하는 작업에 최적화되게 설계되었습니다.

---

* 알파벳은 구글과 그 외 다양한 기술 기업들을 포함하는 지주회사로 2015년 10월 창립했습니다. 2015년 이후의 발전에 큰 역할을 했지만, 그 이전의 혁신은 대부분 구글 이름으로 이루어졌습니다.

2. 이미지넷

◆ 시작

이미지넷은 2009년 스탠퍼드대학교 전기공학과 조교수 페이페이 리(Fei-Fei Li)가 시작한 대규모 시각 자료 데이터베이스입니다. 풍선, 딸기 같은 주제어의 이미지 1400만 개가 2만 개의 카테고리로 분류되었습니다.

◆ 이미지 인식 대회 개최

2010년부터 이미지넷이 개최하는 이미지 인식 대회(ILSVRC)가 열렸습니다. 이후 5개 분야로 확대되었습니다. 개의 이미지 종류는 120종이었는데, AI 인식으로 정리한 후 90종으로 줄었습니다.

2011년에는 이미지넷 인식률이 75퍼센트(또는 오류율 25퍼센트)를 기록했습니다.

2012년 9월 30일 제3회 대회에서 우크라이나 출신 캐나다인 알렉스 크리제프스키(Alex Krizhevsky)팀의 알렉스넷(AlexNet)이 우승했습니다. 알렉스넷은 엔비디아 지포스 GPU 카드*를 사용해 120만 장의 사진으로 훈련을 거쳤고, 오류율 15.3퍼센트를 달성했습니다. 언론은 기술 발전이 현저하게 이뤄졌다고 보도했습니다. 이로써 AI 열풍이 시작되었습니다.

◆ DNN 리서치

2012년 알렉스 크리제프스키의 박사과정 지도교수 제프리 힌튼(Geoffrey Hinton)**과 그 자신, 그리고 힌튼 교수의 또다른 제자(일리야 수츠케버) 등 세 명이 토론토대학교 혁신육성센터에서 스타트업인 DNN 리서치를 설립했습니다.

2013년 3월 구글이 이를 인수했고, 두 연구원 모두 구글에 입사했습니다. 알렉스 크리제프스키는 2017년 9월까지 재직했습니다. 하지만 정작 알파벳이 더 관심을 가진 것은 제프리 힌튼 교수가 주당 몇 시간씩이라도 알파벳에서 일하는 것이었습니다.

---

* 엔비디아 GPU를 써보자고 제안한 것은 알렉스 크리제프스키였고, 이 때문에 '알렉스넷'이라는 이름이 붙었다고 알려졌습니다. 알렉스넷이 우승하며 이후 AI 비즈니스 환경의 판도가 완전히 바뀌었습니다. 때문에 이 사건을 엔비디아의 결정적 행운이었다고 보는 시각도 있습니다. 젠슨 황 본인도 여러 차례 공개적으로 알렉스넷이 행운이었다고 말한 바 있습니다. 하지만 다른 한편으로는 젠슨 황이 추진한 CUDA가 있었기 때문에 개발자들이 자신의 용도에 맞추어 GPU를 사용해 왔고, 덕분에 알렉스 크리제프스키가 엔비디아 GPU를 시도했다는 시각도 있습니다.

** 제프리 힌튼은 영국의 컴퓨터 과학자이자 인지 심리학자입니다. 딥러닝을 인공신경망 방법론의 대세로 자리매김하고, GPU를 이용한 병렬 연산을 실현해 확산시킨 선구자로 꼽힙니다. 캐나다 토론토대학교에 재직하면서 일리야 수츠케버(Ilya Sutskever), 얀 르쿤(Yann Lecun) 등 AI 분야에서 걸출한 제자들을 배출했습니다. 제자들과 설립한 DNN 리서치가 구글에 인수되면서 구글 브레인에서 연구원으로 일했지만, 2023년 퇴사해 오픈AI와 구글 등의 무분별한 AI 개발을 비판하고 있습니다. 2018년 튜링상을 수상했으며, '인공지능의 대부' 또는 '딥러닝의 아버지'로 불립니다.

3. AI 원년, 2013년

이러한 상황 속에서 마이크로소프트, 페이스북(현 메타), 아마존 등이 AI 분야에 대대적으로 진출했습니다. 2016년 「이코노미스트」는 2013년을 'AI 원년'이라고 칭했습니다.

4-8

기술과 환경의 변화에
회사의 방향을 맞추다

2007년 5월부터 엔비디아는 서버용 GPU를 출시했습니다. 이때부터 엔비디아의 AI 칩/서비스는 개인용 컴퓨터(IT 1단계)에서 슈퍼컴퓨터(또는 서버)로 진입했습니다. 클라우드 컴퓨팅 서비스 회사가 고속 계산, 데이터 저장 기능을 제공하면서 IT 3단계인 클라우드 컴퓨팅 시대로 접어들었습니다.

1. 전체 기술·환경의 변화

중국 속담에 "빨리 오는 것보다, 잘 맞춰서 오는 게 낫다"(來得早,不如來得巧)는 말이 있습니다. 엔비디아가 2007년부터 서버 칩을 출시한 배경에는 네 번째 요인인 기술·환경 요소가 있었습니다.

◈ 3G 휴대폰 출시

2002년 1월에는 한국의 SK텔레콤, 6월에는 미국 버라이즌 커뮤니케이션스가 각각 3G 휴대폰을 출시했습니다. 2005년 전 세계 휴대폰 판매량은 8억 2500만 대로 성장률은 17퍼센트였으며, 이 중 13퍼센트인 1억 700만 대가 3G 휴대폰이었습니다. 하지만 많은 제품이 중저가였습니다.

◈ 클라우드 컴퓨팅 시대

3G 휴대폰이 성장기 초입에 들어가면서부터 클라우드 컴퓨팅의 지원이 필요해졌습니다. 2006년 3월 14일 아마존 자회사인 아마존 웹 서비스(AWS)는 아마존 심플 스토리지 서비스(Amazon S3)를 출시했고, 5개월 뒤인 8월 25일 아마존 일래스틱 컴퓨트 클라우드(EC2)를 연이어 출시했습니다.

이로써 IT 환경은 3단계인 '클라우드 컴퓨팅 시대'에 진입했습니다.

2. 젠슨 황이 AI 사업 기회를 포착

클라우드 컴퓨팅 서비스의 등장으로 고속 연산과 소프트웨어 서비스를 분할 임대해서 이용하는 것이 가능해졌습니다. 기업과 개인으로서는 IT 서비스 획득 비용이 상대적으로 저렴해진 셈입니다. 대략 2006년 하반기, 젠슨 황은 AI의 바로 아래 영역(분류)이라 할 수 있는 딥러닝 부문 연구진과 대학 교수들을 만나게 되었습니다. 그들은 AI 응용의 사업 기회를 설명했고, 이는 젠슨 황에게 큰 깨달음을 주었습니다.

3. 하드웨어 기업에서 AI 연산 기업으로

엔비디아의 기존 사업 영역은 개인용 컴퓨터와 게임 콘솔용 그래픽 칩 위주였습니다. 젠슨 황은 엔비디아의 서버와 슈퍼컴퓨터 등 고성능 연산 방향, 그중에서도 특히 AI 칩 쪽으로 점차 전환해 나갔습니다.

◆ **발전 단계**

엔비디아 CUDA의 연산 능력(Computing capacity)을 1로 봤

을 때, H100은 이미 9배의 연산력에 도달했습니다. 그렇다면 CUDA 기준으로 1~3배는 도입기, 4~6배는 성장 초기, 6~9배는 성장 중기 등 3단계로 나눠서 볼 수 있습니다.

◆ 칩의 코드 이름

엔비디아 칩 종류는 최소 네 가지 대분류가 있습니다. 그중 하나는 컴퓨터의 데이터 센터 서버를 위한 것으로, 그 코드는 주로 프로세서 마이크로아키텍처(Microarchitecture)에서 유래합니다. 예를 들어서 살펴보겠습니다.

2020년 5월 출시된 A100 칩의 마이크로아키텍처는 암페어이고, 연산력은 CUDA 표준의 8배입니다. 이 시리즈는 A100으로 약칭되며, A는 암페어(Ampere)에서 따왔습니다.

2022년 3월 출시된 H100 칩의 마이크로아키텍처는 그레이스 M. 호퍼(Grace M. Hopper) 구조를 채택했고, 연산력은 CUDA의 8.9배입니다. H100의 H는 호퍼에서 따왔습니다.

4. 소프트웨어 서비스로 재진출

2017년부터 엔비디아는 클라우드 컴퓨팅 서비스 회사 등을 통해 점진적으로 사스(SaaS, 서비스용 소프트웨어)를 출시했습니다. 이는 소프트웨어 서비스로 고객의 칩 효용을 강화하고, 칩 기업들 간의 가격 전쟁을 예방하기 위한 목적입니다.

자율주행 서비스를 예로 들면, 테슬라는 고객에게 자동화된 운전 시스템을 제공합니다. 차주는 온라인으로 이 서비스를 구독해야 하며, 스타링크가 제공하는 차량 위치 서비스를 이용할 수 있습니다.

엔비디아의 CFO 콜레트 크레스(Colette Kress)는 2022년 3월 8일 화상 실적 발표회에서 엔비디아의 자율주행 소프트웨어 서비스가 2024년 독일 메르세데스-벤츠, 2025년 영국 재규어 랜드로버에 도입될 것이라고 발표했습니다. 차주는 자동차 회사에서 '자율주행 서비스'를 구독해야 하며, 그 배후에 엔비디아가 있다는 의미입니다.

| 엔비디아, 하드웨어 기업에서 AI 서버 칩 및 서비스 기업으로 |

구분		2007년 5월 ~ 2012년 5월			2012년 11월 ~ 2017년 4월		2017년 5월 이후		
산업 단계		도입기			성장 초기		성장 중기		
서버 칩	시기	2007년 5월	2011년	2012년 5월	2012년 11월	2016년 9월	2017년 5월	2020년 5월	2022년 3월
	프로세서 마이크로 아키텍처	테슬라	훼미	키플러		파스칼	볼타	암페어	호퍼
	CUDA 연산력 기준	1배	2배	3배	3.5배	6배	7배	8배	9배
소프트 웨어 서비스	엔비디아 딥러닝	엔비디아 DIGITS, GIGITS (딥러닝 GPU 훈련 시스템)			-	-	-	-	-
	데이터 센터 네트워크 기업	SaaS 사업			2022년 11월 마이크로소프트 애저 파트너십 2023년 3월 DGX 클라우드 출시 2022년 3월 오라클 파트너십 2023년 3월 알파벳 파트너십				
	4C (자동차 자율주행 시스템)	-	-	-	드라이브 AGX Orin 2019년 12월 공개 2023년 3월 출시				

출처: 위키피디아(list of Nvidia graphic processing units), 야후파이낸스

사장에게 충고하라, 감사와 칭찬으로 답할 것이다

2007년부터 젠슨 황은 엔비디아를 기존의 개인용 컴퓨터와 게임 콘솔 그래픽 카드 사업에서 클라우드 컴퓨팅 서비스 기업의 서버 칩/서비스로 전환해 다양한 산업 분야로 발전시켰습니다.

회사의 사업을 전환하면 기존 사업부 직원들이 새로운 사업부로 이동하여 새로운 산업의 연구 개발, 생산, 마케팅 업무를 수행하게 됩니다. 이는 회사 입장에서 조직 변혁(Organizational change)입니다.

1. 모세의 조직 변혁

성경을 보면 기원전 약 1290년, 모세가 이집트에 거주하던 이스라엘인들을 이끌고 이집트를 탈출했습니다.

모세는 이스라엘 사람들에게 가나안 땅(요단 강 계곡 부근)에 '우유와 꿀'이 있다고 말했습니다. (3000년 전 요르단에서는 이미 양봉업이 성행했습니다.) 그곳은 95퍼센트가 사막인 이집트 땅보다 훨씬 비옥했습니다.

이집트 탈출 과정은 그야말로 풍찬노숙이었습니다. 그런 상태로 이집트에서 이스라엘 시나이 산까지 700킬로미터 이상을 약 3개월 동안 이동했습니다. 그러나 거처를 찾지 못해 여러 나라의 광야에서 40년 가까이 방랑했습니다. 이 기간 동안 사람들은 좌절했고 모세의 권위는 크게 떨어졌습니다.

2. 젠슨 황의 조직 변혁

2016년 9월 26일 대만의 「상업주간」에 실린 젠슨 황과의 인터뷰 내용의 요점은 다음과 같습니다.

◈ 꾸준히 비전을 보여준다

앞의 사례에서 모세는 가나안을 풍요로운 땅이라며 비전을 제시했습니다. 젠슨 황은 이렇게 말합니다.

"(사업 전환은) 강물이 흐르는 방향을 바꾸는 것과 같아서, 새로운 물길을 파내야 합니다. 마찬가지로 나는 기독교 선교사들이 전도하는 것처럼 매일 조금씩 말하고 조금씩 행동하면서 새로운 미래를 그려서 보여줍니다. 직원들이 따르도록 자극을 주는 겁니다. 이건 매우 어려운 일입니다."

◈ 칭찬하고 축하한다

AI 분야에서 새로운 것이 증명될 때면, 엔비디아의 반응은 항상 '우리의 선제적 대응이 옳았다'였습니다. 회사의 어떤 부서가 작은 성과라도 낸다면, 젠슨 황은 항상 칭찬하고 축하합니다. 마치 자녀가 착한 일을 했을 때 부모가 "잘했어"라고 칭찬하듯이, 그는 엔비디아 직원들에게도 같은 방식으로 행동합니다.

◈ '충언'을 거부하지 않는다

젠슨 황은 말합니다. "나는 자주 공개 토론을 합니다. 직원들이 나의 전략이나 정책을 비판하거나 의문을 제기해도, 나는 전혀 개의치 않습니다."

4-10

후발 주자보다
10년은 앞서야 선점한다

사실 'AI 칩'이라는 용어에 대한 명확한 정의는 없지만, 개념적으로 그에 해당하는 칩을 시간 순서대로 나열할 수 있습니다. 그런 뒤 엔비디아, AMD, 인텔 각사의 칩과 기술 지원 플랫폼을 비교해 보면, 엔비디아가 AMD보다 최소 4년, 인텔보다 9년 앞서 있음을 알 수 있습니다.

혁신확산이론을 기준으로 삼았을 때, 엔비디아가 이처럼 출발점에서 앞선 것은 물론 젠슨 황의 선견지명 덕분입니다.

1. 혁신확산이론

1962년 미국 오하이오주립대학교 커뮤니케이션학과 교수 에버렛 M. 로저스(Everett M. Rogers)가 출간한 『혁신 확산』(Diffusion of Innovations)에 나오는 이론입니다.*

2. 개발자 플랫폼

개발자 플랫폼(Development platform)은 툴킷(Toolkit), 때로는 간단히 키트(Kit)라고도 합니다. 주로 하드웨어, 소프트웨어, 운영체제 등 세 가지 플랫폼을 포함합니다.

개발자 플랫폼은 개발자가 이 '칩'의 구조(그래픽 방식)를 이해하도록 돕고, 개발 중에 응용 프로그램 인터페이스를 개발하는 데 도움을 줍니다.

---

* 혁신확산이론은 사회 구성원들이 새로운 기술을 받아들이는 데 일정한 패턴이 있다는 이론입니다. 사람들은 혁신가(Innovators)와 초기 채택자(Early adopters), 초기 대다수(Early majority), 후기 대다수(Late majority), 지체자(Laggards) 등으로 나뉘는데, 이 가운데 특히 '얼리 어답터'라는 표현이 신기술이 적용된 제품을 먼저 도입해서 사용해 보는 이들을 가리키는 말로 널리 쓰입니다.

◆ 혁신가: 엔비디아

2007년 6월 22일 발표된 엔비디아의 CUDA가 개발자 플랫폼의 혁신가라고 볼 수 있습니다.

◆ 초기 대다수: AMD

2016년 11월 14일에 AMD의 툴킷 라데온 오픈 컴퓨터(Radeon Open Compute, ROCm)가 나왔습니다. AMD는 ROCm이 엔비디아의 툴킷보다 가용 범위가 크다고 주장합니다. 2023년에 다섯 번째 버전인 ROCm5가 출시되었으며, MI200 칩에 적용됩니다.

- 정보 시스템: 클라우드 컴퓨팅, 데이터 저장 및 고성능 컴퓨팅 용입니다.
- 다양한 컴퓨터 언어 지원: OpenCC, OpenML(예: PyTorch, TensorFlow)을 지원합니다.
- 많은 협력 파트너: 산업 생태계는 설계 대행사(14곳), 서버(데이터 센터) 브랜드사(8곳), 클라우드 서비스사(6곳)로 구성됩니다.

◆ 후기 대다수: 인텔

인텔은 2022년 1월 29일에 툴킷 원API(oneAPI)를 출시했습니다. 소프트웨어 제품 및 생태계 총괄 조 컬리(Joe Curley)와 개발자 소프트웨어 총괄 산지프 샤(Sanjiv Shah)가 담당했습니다.

2022년 7월 12일에는 AI 분석 툴킷(AI Analytics Toolkit, 약칭 AI키트)을 출시했습니다.

3. AI 딥러닝 칩

◈ 혁신가: 엔비디아

2007년 5월 2일 엔비디아의 '테슬라' 시리즈 칩에서 시작되었습니다. 교류 전동기의 아버지 니콜라 테슬라(Nikola Tesla)를 향한 존경을 담은 이름입니다. 2003년 7월 설립된 전기차 기업 테슬라 또한 그의 이름을 따왔습니다.*

◈ 초기 채택자

AMD의 칩은 게임의 명명 방식을 채택했습니다. 파이어프로5(FirePro5)는 'Fire'와 'Pro'라는 두 가지 의미를 합친 이름입니

---

* 엔비디아는 2020년 5월에 테슬라 브랜드를 더 이상 사용하지 않기로 결정했습니다. 전기차 메이커와 같은 이름을 쓰면서 생기는 혼동 때문이라는 게 공식적인 설명입니다. 엔비디아는 이후 출시 모델부터는 데이터센터 GPU라는 명칭을 사용했습니다.

다. 화력 지원에 더해, '전문가'(Professional)이자 인터넷 최상위 도메인 중 하나인 'pro'를 뜻합니다. '.pro' 도메인은 세계 각국 정부로부터 면허 및 인증을 받은 전문가와 조직이 등록합니다.

2012년 8월 2일에 출시한 파이어프로5는 엔비디아의 테슬라 시리즈에 대한 도전장이었습니다. 2016년 1월부터 2020년 12월 기간에는 라데온 인스팅트(Radeon Instinct)로 이름을 변경했습니다.

◆ 후기 대다수: 인텔, 2021년 8월 22일

인텔의 폰테 베키오(Ponte Vecchio) 칩은 엔비디아 A100 칩보다 2.5배 높은 성능을 보입니다.

폰테 베키오는 이탈리아 피렌체에 위치한 다리입니다. 1345년에 완공된 최대 길이 30미터의 다리로 인기 있는 관광 명소입니다. 다리 양 끝에 망을 설치해 연인들이 자물쇠를 걸어둔다고 합니다.

| 혁신확산이론으로 살펴본 AI 칩 시장 |

구분		혁신가	초기 채택자	초기 대다수	후기 대다수	지체자
구분	비율	2.5%	13.5%	34%	34%	16%
	시기	2006~2010년	2011~2015년	2016~2020년	2021~2025년	-
GPU	엔비디아	2007년 5월 테슬라 시리즈 출시 (CUDA 기준 1배)	-	2020년 5월 A100 (CUDA 기준 8배)	2022년 3월 H100 (CUDA 기준 9배)	-
GPU	인텔	-	-	2016년 12월 제온 파이	2022년 8월 폰테 베키오	-
GPU	AMD	-	2012년 8월 파이어프로 시리즈	2020년 11월 MI100	2023년 6월 MI300X 공개	-
개발자 플랫폼	엔비디아	2007년 6월 CUDA	-	-	-	-
개발자 플랫폼	인텔	-	-	-	2022년 1월 원API, 2022년 7월 AI 분석 툴킷	-
개발자 플랫폼	AMD	-	-	2016년 11월 ROCm	-	-

5장

CEO 젠슨 황의 기술력을 넘어선 실행력

선을 넘지 않되 벽을 치지 않는다

기업 경영의 본질은 '사람을 통해 일을 이루는 것'입니다.

1인 상점은 직원이 없으니 물건만 잘 팔면 됩니다. 하지만 회사가 커지고 직원이 많아질수록, 이를테면 직원이 2만 2000명인 엔비디아처럼 커지면, 조직관리와 인사관리가 필요해집니다. 회사에 부서를 편성하고, 우수한 인재를 영입해 동기를 부여하고, 또 이들을 육성해야 합니다. 그래야 전략을 경영 결과로 전환할 수 있습니다.

5-1

실행만이
기업을 만들고 키운다

　기업 경영에서 전략을 논할 때는 흔히 "올바른 전략이 성공의 절반"이라고 말합니다. 한 무제 시대 사마천이 쓴 『사기』에서, 유방이 장량에 대해 "장막 안에서 계획을 세워, 천 리 밖의 승리를 결정짓는다"(運籌帷幄,決勝千里)고 표현한 것이 바로 이 내용입니다.

　좋은 전략을 세웠다면 성공의 나머지 절반은 '실행'(Execution)에 있습니다. 회사의 CEO가 직원들을 이끌어 가려면 지휘자가 교향악단을 이끌 듯이 빠르게 상황을 주도해야 합니다.

　실행력의 핵심은 주로 기업 경영의 조직 및 인사관리에 중점을 둡니다.

| 기업 경영과 실행력 평가 항목 |

경영활동	맥킨지 성공 기업의 7요소(7S)	경영학 과목
기획	전략(Strategy)	전략관리
	조직(Structure)	조직관리
	보상 시스템(Reward system)	인사관리
실행	공유 가치(Shared value)	조직관리
	구성원(Staffing)	인사관리
	스타일(Style)	조직관리
	스킬(Skill)	조직관리
통제	-	인사관리

5-2

직원이 인정하는 회사가
탁월한 성공을 이룬다

　기업의 제품과 서비스가 좋은지 나쁜지는 고객이 가장 잘 압니다. 그래서 고객 만족도 지수, 회사 브랜드 가치, 추천 지수 등을 기업의 평가 기준으로 자주 사용합니다.

　이 개념을 확장하여, 여러 구인 정보 사이트에서도 각 기업의 직원들을 대상으로 온라인 설문 조사를 실시합니다. 이를 통해 구직자들은 해당 기업 직원들의 자사 평가를 볼 수 있습니다. 이 평가 자료를 보면 각 회사의 조직관리·인사관리의 수준과 현실을 파악하고, 같은 업종이나 인근 회사, 대기업과 비교할 수도 있습니다.

1. 현직원 리뷰

"봄 강물의 따뜻함은 오리가 먼저 안다."(春江水暖鴨先知)

1085년 북송의 시인 소식(蘇軾, 소동파)이 자신의 벗인 승려 혜숭이 그린 그림 「춘강만경 - 압희도」에 남긴 시구입니다. 마찬가지로 회사의 조직관리와 인사관리가 잘 되는지 여부는 당연히 회사 직원들이 가장 잘 압니다. 이를 파악하기 좋은 방식이 바로 현직원 리뷰(Employee reviews)입니다.

미국의 구인 사이트들은 대기업 재직 직원들이 자기가 다니는 회사의 조직관리 및 인사관리를 평가한 결과를 구직자들에게 공개합니다. 이는 각 대기업 직원들에게 실시한 온라인 설문 결과이며, 대략 다음과 같이 분류됩니다.

- 2개 대분류: 조직관리, 인사관리
- 16개 중분류: 조직관리 중분류 6개, 인사관리 10개 분류

이번 장은 구인 사이트 중에서도 2023년 7월 8일 조회한 컴페어러블리(Comparably Inc.)의 자료를 바탕으로 작성했습니다. 그 이유는 다음과 같습니다.

미국 캘리포니아주 산타모니카시의 컴페어러블리(2015년 설

립, 2022년 5월 줌 인포에 인수됨)는 현직원 리뷰를 받을 때 회사 이메일 주소로 리뷰를 쓴 직원의 신원을 확인합니다. 또한 응답자 수가 많고, 조사 항목(16개 중분류)이 다양하며, 오랜 기간(매월 업데이트) 동안 조사를 실시하여 자료가 풍부합니다.

2. 프로세서 3강의 조직관리 능력 평가

컴페어러블리의 비교 항목은 최소 16개로 조직관리와 인사관리를 포함합니다. 하지만 개별 항목으로만 조사하여 전체 조망이 어렵습니다. 그래서 제가 2021년 개발한 기업 조직관리 역량 평가표를 기준으로 재분류 및 평가했습니다.

◆ 직원 수 1만 명 이상의 기업 1341곳과 비교

저는 인텔, AMD, 엔비디아를 직원 수 1만 명 이상의 기업 1341곳과 비교했습니다. 평가 지수 중 각 기업의 개별 문항 점수는 중요하지 않습니다. 상대적인 등급이 중요합니다. 예를 들어 A+는 상위 5퍼센트를 의미합니다.

◆ 동종 업계 6개사와 비교

칩 설계 분야 기업은 총 6개사를 비교했습니다. 기업문화 종합 1위는 A++를 받은 IBM이며, 2위부터는 엔비디아, AMD, 퀄컴, 인텔, 노턴 순입니다.

5-3

엔비디아 직원은
회사의 조직관리에 만족할까

　현 직원들의 평가에 따르면 엔비디아의 조직관리 역량이 AMD보다 우수하고, AMD가 인텔보다 우수한 것으로 나타났습니다. 엔비디아 직원들은 회사의 조직관리와 인사관리에 A를 매겼고, AMD 직원들은 A-를, 인텔 직원들은 B-를 주었습니다.

프로세서 3강 직원들의 조직관리 평가

구분		엔비디아 (응답자 383명)		인텔 (응답자 821명)		AMD (응답자 379명)	
		점수	등급	점수	등급	점수	등급
조직관리	환경	75점	A	68점	C+	72점	B
	기업문화 (여섯 개 기업 중)	80점	A+ (2위)	70점	B (5위)	76점	A (3위)
	리더십	88점	A+	75점	B+	86점	A+
	팀	84점	A	73점	B-	79점	B+
소계(평균)		81.75점	A	71.5점	B-	78.25	A-

참고: A = 상위 10퍼센트, B = 상위 25퍼센트, C = 상위 40퍼센트

5-4 적극적이고 즐겁게 일할 수 있는 환경의 엔비디아

업무 환경 평가에서는 엔비디아와 AMD는 A- 등급이고, 인텔은 B- 등급으로 나타났습니다.

직원들의 회사 업무 환경에 대한 평가는 총 7개 항목으로 구성되어 있으며, 자세한 내용은 다음 표에서 확인할 수 있습니다. 이 책에서는 7개 항목을 2개의 대분류와 5개의 중분류로 나눴습니다.

세부 항목별 점수는 컴페어러블리 자료에 나오지 않으며, 이 책에서도 포함하지 않았습니다.

엔비디아 직원들의 업무 환경 평가

대분류	중분류	소분류	세분류
현재 상황		전략	• 직원들은 회사의 목표를 위해 노력하여 회사를 더 좋게 만드는 것을 목표로 한다
	조직 관리	환경	• 매우 건강한 업무 환경, 일과 생활의 균형 • 재택업무 직원에게 충분한 지원 제공 • 선진적인 업무나 컴퓨터 등 자원에 집중. 업무 프로세스가 빠름 • 기업을 통한 사회 변화: 회사가 기술 제품 개발 등으로 글로벌 환경을 개선할 수 있음
		기업 문화	• 적극적 • 미래를 향해 낙관적이고 고무적인 분위기가 가득함 • 비전 공유, 센스 있는 성실함, 유연성, 다양성
		리더십	• CEO와 고위 경영진이 직원들의 목소리를 경청함 • 업무 속도는 빠르지만, 직원들의 농담을 허용하며, 매우 투명하고 공개적 • 직원들은 관리자에게 업무 동기와 업무 이행에 필요한 자원을 받음 • 관리자는 회사의 사명 등을 직원들에게 명확히 설명하고, 직원의 업무가 고객에게 어떻게 중요한지 설명함
		팀	• 동료들은 즐거운 관계이며, 서로 해치지 않음 • 동료들은 서로 도우면서 높은 수준의 관계를 형성 • 직원들은 친절하고 타인을 존중하며 목표 지향적
	인사 관리	구인	• 직원끼리 상호 존중하며 부서주의가 없어 부서 간 협업을 장려함. 회사는 직원들의 학습과 탐구를 장려함 • 다양성: 햄버거와 감자튀김처럼 잘 어울림 • 포용성: 회사는 모든 직원의 목소리를 듣고 아이디어를 환영함
회사가 더 잘 되려면		창업정신	• 회사를 영원히 창업 첫날처럼 유지하려면 어떻게 해야 하는가
		조직관리	• 직원들에게 더 많은 업무 외 생활 시간을 제공하는 데 주의를 기울여야 함

직원의 공감이
A+ CEO 젠슨 황을 만든다

회사의 기업 문화는 추상적으로 보일 수 있지만, 간단히 다음 두 가지 기준으로 살펴볼 수 있습니다.

- 외부 지향적인가: 사업 기회를 포착하는 데 중점을 두며, 회사가 매우 직극적인지 확인합니다.
- 권한을 분산하는가: 기업의 대표가 권력분산형인지 권력십중형인지 판단합니다.

포부가 큰 사람들은 외부 지향적이고 분권화된 기업 문화를 선호할 것이며, 이는 새로운 영역을 개척하는 데 도움이 됩니다.

1. 자료 출처 및 설문 문항

컴페어러블리의 메뉴에 '기업 문화' 항목은 없지만, "엔비디아와 인텔 중 직원들이 일하기에 더 좋은 곳은?(Nvidia vs Intel which one is better for employee to work?)"이라고 검색하자, 숨겨진 메뉴가 나타났습니다. 그중 하나가 현직원들의 기업 문화 평가였습니다.

2. 프로세서 3강의 기업 문화 평가

다음 표를 보면 12개의 질문이 있습니다. 질문은 조직관리에 대한 것과 인사관리에 대한 것, 두 가지 대분류로 나눠서 볼 수 있습니다.

세 회사의 기업 문화 점수는 비슷하지만 등급은 다릅니다. 엔비디아는 81점으로 A, AMD 78점으로 A-, 인텔은 70점으로 B- 등급을 받았습니다.

프로세서 3강 직원들의 기업 문화 평가

대분류	중분류	질문	엔비디아	인텔	AMD
		응답자 수	390	820	382
조직 관리	환경	1. 업무 환경은 긍정적인가요? 2. 업무 속도는 적당한가요?	75점	67점	72점
	리더십	1. 회사의 목표가 분명한가요? 당신은 그에 동의하나요? 2. 당신의 상사는 회사 문화를 해치고 있나요? 3. 상사에게 부정적인 피드백을 하는 것이 불편한가요? 4. 당신이 속한 부문의 임원이 회사에서 하는 일을 당신도 인정할 수 있나요?	82점	69점	81점
	팀	1. 당신이 다니는 회사의 회의는 실질적 효과가 있나요? 2. 당신의 동료가 개선할 점은 무엇인가요? 같이 일하면서 더 좋은 성과를 내려면 어떻게 해야 하나요?	82점	73점	80점
	직원 정서	1. 잘못된 것은 무엇이며, 어떻게 하면 개선할 수 있나요? 2. 회사에서 가장 개선되기를 바라는 것은 무엇인가요?	85점	72점	78점
인사 관리	급여	1. 급여 인상은 얼마나 자주 있습니까? 2. 당신은 회사로부터 연례 보너스를 받습니까?	79점	74점	-
		평균 (인사관리 제외)	81 (A)	70 (A-)	78 (B-)

참고: 평균 점수는 소수점 한 자리에서 반올림

5-6

유연한 리더십이
유능한 팀을 만든다

중국 드라마 〈천하장하〉*는 청나라 강희제가 안휘의 순무 장보를 하도총독으로 임명한 이야기를 다룹니다.**

장보는 강희제에게 재정, 인사, 군권(하도병) 세 가지 권한을 받았습니다. 그는 황제에게 "탐관은 적지만, 청관(청렴한 관리)도 적습니다. 대부분의 관원들은 구습을 따르며, 잘하고 못하는 것은 누가 이끄느냐에 달렸습니다"라고 보고했습니다.

---

*   〈천하장하〉(天下長河)는 2022년 중국 후난위성TV에서 방영한 46부작 드라마입니다. 청나라 강희제의 황하 치수 사업 내용을 다룬 작품입니다.
**   순무(巡撫)와 총독(總督)은 중국 명청시대 벼슬 이름으로, 성(省)의 업무를 총괄하는 최고위 지방관직입니다. 순무는 성내 감사와 재정 등을 맡았으며, 총독은 이보다 한 단계 위에서 의사결정권과 군권을 가졌습니다. 하도총독은 황하와 장강(양쯔강)의 치수사업을 담당하는 직책입니다.

이 말은 곧 '전쟁은 지휘관에게 달렸다'는 의미입니다. 그렇다면 프로세서 3강 기업의 직원들은 경영진을 어떻게 평가할까요?

1. CEO 평가

이들에 대한 평가는 경영 스타일과 경영 성과에 대한 것이라 할 수 있습니다.

◈ 엔비디아 젠슨 황 A+

직원들은 주로 내부 전체 이메일과 CEO의 외부 미디어 노출을 통해 평가합니다. 젠슨 황은 이 두 분야에서 모두 우위를 보입니다.

◈ 인텔 팻 겔싱어 B+

2021년 2월 인텔 CEO로 취임했습니다. 2021년 790억 달러였던 매출이 취임 이듬해인 2022년 631억 달러로 20퍼센트 급락하면서 직원들에게 낮은 평가를 받았습니다.

◈ AMD 리사 수 A+

리사 수는 대만에서 '반도체 퀸'으로 불립니다. 미국에서도 AMD를 적자(2012~2017)에서 흑자(2018년부터)로 전환시키면서, '반도체 업계의 리 아이아코카'라는 별명을 얻었습니다. 아이아코카는 1979~1992년 미국 4위 자동차 회사 크라이슬러를 적자에서 흑자로 전환한 경영자입니다.

2. 임원과 중간 관리자 평가

◈ 임원

각 기업의 직원들이 직속 담당임원을 평가했습니다.

엔비디아 A+(81점), 인텔 C+(65점), AMD A(79점)의 결과가 나왔습니다.

인텔 임원들의 점수가 낮다는 데에서 CEO인 팻 겔싱어의 '리더십 부족' 또는 '인사 실패' 등 요인을 짐작할 수 있습니다.

◈ 중간관리자

엔비디아 A(80점), 인텔 B(71점), AMD A(78점)를 받았습니다.

특이하게도 인텔의 임원들은 3류 수준의 평가를 받았는데 그

아래 중간관리자들은 2류 수준의 평가를 받았습니다.

| 프로세서 3강 직원들의 관리자 평가 |

구분		엔비디아	인텔	AMD
	응답자	380명	820명	373명
	직원 수	2만 6200명	13만 2000명	2만 5000명
최고경영자 (의장/CEO)		젠슨 황	팻 겔싱어	리사 수
득점		88점 (A+)	75 점 (B+)	86 점 (A+)
경영 스타일	동의한다	69 %	57 %	57 %
	동의하지 않는다	31 %	43 %	43 %
경영 실적	매우 좋다	67 %	16 %	60 %
	좋다	22 %	32 %	20 %
	보통	11 %	24 %	20 %
	나쁘다	0	20 %	0
	매우 나쁘다	0	8 %	0
임원		81점 (A+)	65 점 (C+)	79 점 (A)
중간관리자		80 점 (A)	71 점 (B)	78 점 (A)

5-7

엔비디아에서는 누구나 모두에게 직언할 수 있습니다

컴페어러블리에는 하급관리자의 리더십에 대한 현직원들의 평가 결과도 등장합니다.

하급관리자 평가 항목은 단 3개입니다. 휴가 중 업무, 관리자의 피드백, 거슬리는 직언입니다.

다음 표에서 보듯이 정확한 점수는 없고 대략적인 등급만 나왔습니다.

| 직원과 관리자의 관계 평가 |

구분			엔비디아	인텔	AMD
휴가 중 업무	휴가 중에도 당신의 상사가 업무를 요구할 수 있습니까?	네	70%	39%	67%
		아니오	30%	61%	33%
관리자의 피드백	업무를 개선하기 위한 충실한 피드백을 얼마나 자주 받습니까?	1주일	13%	15%	37%
		1개월	35%	25%	14%
		1분기	13%	23%	21%
		1년	26%	22%	21%
		없음	13%	15%	7%
거슬리는 직언	상사에게 부정적인 내용의 피드백을 보고하는 것이 편안합니까?	네	80%	64%	75%
		아니오	20%	36%	25%
		총점	A	B	A

◈ **엔비디아, A**

엔비디아는 세 번째 항목에서 높은 점수를 받았습니다. 80퍼센트의 직원들이 관리자에게 '직언'을 할 수 있다고 느낍니다.

◈ 인텔, B

인텔은 첫 번째 항목에서 높은 점수를 받았습니다. 휴가는 휴가로 인정해 직원들에게 추가 업무를 요구하지 않습니다.

첫 번째 항목은 중국어로 흔히 '관라오반'(慣老闆)이라고 부르는 '악덕 상사' 행태에 대한 질문입니다. 응답 결과를 보면 엔비디아의 하급관리자 70퍼센트는 직원들의 휴가 기간에도 업무를 요구하는 반면(주로 재택 업무), 인텔은 39퍼센트로 이 같은 현상이 가장 적었습니다.

◈ AMD, A

AMD는 하급관리자 평가에서 높은 점수를 받았습니다. 관리자 37퍼센트가 매주 직원들의 업무 개선을 위한 피드백을 합니다.

5-8

서로 신뢰하는 팀워크가
엔비디아 성공의 비결

매슬로우의 욕구 단계설에서 볼 때, 회사를 다니는 것은 3단계인 '사회적 소속감'에 해당합니다. 간단히 말해 친구를 사귀는 것입니다. 친구를 사귀고, 퇴근 후 함께 식사하고 놀 수 있게 되면 출근이 매우 즐거워집니다.

회사 관점에서 보면 같은 부서의 한 팀(20명 이내)은 종종 상중하 관계를 가집니다. 이는 자동차 조립 라인의 작업장과 비슷합니다. 서로 도우면 교향악단처럼 조화로워집니다. 농구팀이나 축구팀처럼 팀워크를 발휘하면 개인의 단독 플레이보다 훨씬 뛰어난 성과를 낼 수 있습니다.

프로세서 3강의 직원들이 회사의 팀워크를 어떻게 평가하는지 살펴보겠습니다.

1. 평가 항목 및 응답자 수

평가 항목은 네 가지이며, 다음 표에서 보듯이 두 가지 대분류(업무, 인간관계)로 나뉩니다. 대인관계는 다시 두 가지 중분류(상사, 동료)로 나누어집니다.

세 회사의 설문 응답자 수를 보면, 응답률이 전체 응답자 수의 3분의 1에 불과합니다. 이는 직원들이 '팀워크'라는 중분류에 관심이 낮기 때문인 것으로 보입니다.

2. 팀워크가 좋은가요

세 회사 점수가 비슷해 보이지만 등급으로 매겨보면 서로 다릅니다.

◈ 엔비디아 A+

엔비디아는 일 잘하는 동료들과 효율적인 회의를 하는 데서 직원들의 만족감이 큰 것으로 보입니다. 동료와의 상호작용 기대율도 상당히 높습니다. 항상 새로운 기술과 방식을 연구하는 IT 기업에서 동료들의 신뢰는 큰 무기가 됩니다.

| 프로세서 3강 직원들의 팀워크 평가 |

구분		질문		엔비디아	인텔	AMD
		응답자 수		172명	384명	118명
업무		회사의 회의는 효율적입니까?	네	74%	57%	69%
			아니오	26%	43%	31%
인간관계	관리자	상사가 회사의 문화를 보호하려고 합니까?	네	70%	73%	63%
			아니오	30%	27%	37%
	동료	동료는 일을 잘합니까?	네	74%	57%	69%
			아니오	26%	43%	31%
		동료와의 상호작용을 기대합니까?	네	85%	80%	86%
			아니오	15%	20%	10%
		계		84점 (A+)	76점 (B-)	80점 (A-)

◈ **인텔 B-**

인텔은 상사가 회사의 문화를 보호하느냐는 질문에서 최고점을 받았습니다. 하지만 다른 항목에서는 모두 최하위입니다. 오래된 회사이다 보니 어쩌다 굳어진 관행이나 방식이 존재할 수 있습니다.

◈ **AMD A-**

AMD는 동료와의 상호작용을 기대하냐는 질문에서는 근소한 차이지만 최고점을 받았습니다. 최근 시장에서 느껴지는 높은 에너지가 친근한 동료들과의 정서적 안정감에서 탄생했는지도 모릅니다. 그 외에는 전체적으로 평균적인 성과를 보입니다.

모두 이메일로 보내세요, 보고서는 필요 없습니다

많은 기업 경영자들이 젠슨 황의 리더십 스타일에 관심을 가집니다. 경영학이나 조직 관리의 '리더십' 용어를 적용하면, 엔비디아의 의장 겸 CEO인 젠슨 황은 '비(非)지시형 코칭'(Non-Directive Coaching) 방식을 취합니다. 이는 직원(의 능력)을 신뢰하고 자신의 능력을 과대평가하지 않는 방식입니다. 즉 직위가 높다고 해서 지식이 많다고 착각하지 않는 것입니다.

1. 엔비디아의 조직 구조

2023년 현재 엔비디아는 2만 6200명의 직원이 재직 중입니다. 젠슨 황은 그중에서 40명을 직접 관리합니다.

- 최고경영진(Executive[*]) 5명
- 수석부사장 12명
- 부사장 약 23명

2. 젠슨 황의 역할

◆ **정상 상황에서**

젠슨 황은 어떤 직원에게도 일대일 지도를 하지 않습니다. 대신 그는 회의와 질문으로 직원이 스스로 생각하고 더 나은 방안을 찾도록 돕는 방식을 취합니다.

황이 직원들에게 '제안'이나 '지시'를 하지 않는 것은 "도를 깨치는 데는 선후가 있고, 학술과 기예에는 전문성이 있다"(聞道有先後, 術業有專攻)는 이유에서입니다.[**] 각자 자신의 업무 영역에서는 젠슨 황 자신보다 더 깊이 안다는 것입니다.

---

[*] 엔비디아 홈페이지(nvidia.com)에서 'Executive' 정보를 보면, 젠슨 황과 크리스 말라코프스키(공동창업자), 콜렛 크레스, 제이 퓨리, 데보라 쇼키스트, 팀 티터 등 여섯 명이 목록에 올라있습니다. 여섯 명은 경영진(Management Team)으로 통칭되기도 하는데, 두 명의 창업자(Founder)와 네 명의 임원진(Company Officer)으로 구분됩니다.

젠슨 황의 장점은 두 가지입니다.

- 넓게 본다: 경쟁사(AMD, 인텔), 고객, 심지어 회사 내에서도 전체 국면을 조망합니다.
- 멀리 본다: 산업과 회사의 미래 발전 추세를 압니다.

◈ 비정상 상황에서

만약 어떤 관리자의 업무가 방향을 한참 벗어났다면, 젠슨 황은 직접 이야기합니다.

3. 관리자들과의 소통

◈ 주로 이메일

모든 관리자는 쉬는 날을 제외하고 날마다 젠슨 황에게 이메일을 보냅니다. 주요 내용은 '가장 중요한 일 다섯 가지'입니다. 젠슨 황은 이를 모두 읽으면서, 마치 약 100권의 책을 날마다 읽는 것과 같다고 말합니다.

✽✽ 중국 당나라 문장가 한유(韓愈)가 스승에 대해 기술한 『사설(師說)』에 나오는 대목입니다.

◆ 읽지 않는 것

젠슨 황은 어떤 형태의 보고서도 읽지 않습니다. 두 가지 이유에서입니다. 첫째는 보고서 내용이 시대에 뒤처질 수 있고, 둘째는 작성자의 관점이 포함되기 때문입니다.

◆ 아래에서 다시 위로

젠슨 황은 중요한 결정을 내리기 전 40명의 직속 관리자에게 이메일을 보냅니다. 이들은 자신의 의견을 젠슨 황에게 피드백하고, 그는 이를 고려하여 수정합니다.

◆ 일반적인 회의

직속 관리자 40명 이외의 소통을 위해 젠슨 황은 각 부서를 방문하여 관리자 및 직원들과 회의를 합니다. 신입 직원들도 회사의 모든 정보를 열람할 수 있고, 회의에서도 누구나 의견을 낼 수 있습니다. 이는 직원 참여를 통해 직원들의 공동체 의식(Employee engagement)을 높이는 중요한 문화입니다.

| 회사 각 조직의 층위에 알맞은 리더십 형태 |

조직 층위	리더십 형태	관리자의 모습
고위급관리자	비지시형 코칭 (Non-Directive Coaching)	주장을 줄인다 질문을 많이 한다 (박사 과정에 비유)
하급관리자	상황적 코칭 (Situational Coaching)	주장을 많이 한다 질문을 많이 한다 (석사 과정에 비유)
직원 (1년 미만 신입사원 포함)	지시형 코칭 (Directive Coaching)	주장을 많이 한다 질문을 줄인다 (고등학교 이하에 비유)

출처: 우중셴, 2003

5-10

진짜로 이끌어야
진짜로 이끌린다

1. 천부적 재능이 아니다

2010년 6월 5일 「뉴욕 타임스」 기자가 젠슨 황을 인터뷰한 뒤, 그의 리더십 스타일을 심층 보도했습니다.

◆ 담당자는 항상 CEO보다 더 깊이 안다

"각 부문 관리자(부사장 이상 고위급)는 자신의 영역에서 나보다 더 많이 압니다."

젠슨 황은 CEO가 관리자들보다 나은 점이 있다면 다음과 같은 요소 정도일 것이라 말했습니다.

- 높이: 연설자가 일어서서 연설할 때처럼, 회의 테이블의 모든 구석을 볼 수 있습니다.
- 깊이: 경험과 직관을 따릅니다.
- 복잡성: 일의 배후에 있는 복잡성을 봅니다.

이런 요소에 의해, 직원들보다는 독특한 시각을 가질 수 있습니다. 때문에 CEO는 각 관리자가 더 나은 의사결정을 내리게 돕는 역할을 하면 됩니다.

젠슨 황은 고위급 관리자의 보고를 들은 뒤 탐문과 추가조사(Probing)를 하여 더 큰 목표를 달성할 수 있다고 생각합니다. CEO의 역할은 직원들의 아이디어를 한 단계 향상시키고(Make a great idea better), 모든 일에 가치를 더하는 것(To add value to just about everything)이기 때문입니다.

◈ 어떻게 이끌 것인가

젠슨 황은 엔비디아 창업 초기인 1995~1996년에 제품 실패로 회사가 거의 파산할 뻔한 경험을 했습니다. 그는 이 경험에서 '리더십 특성'(Leadership traits)에 대한 몇 가지 교훈을 얻었습니다.

- 기업의 실패는 관리자의 실수: 세상에서 가장 운이 나쁜 상태라면 좋은 성과를 낼 수 없을 것입니다. 그러나 젠슨 황은 그런 시기라 하더라도 전략, 기술, 제품 무엇이든 잘못이 있었다고 인정합니다. 잘못을 인정하고 고치면 이길 기회가 생기고, 회사는 역전하여 위대한 회사가 될 수 있습니다.
- 진짜로 이끌어야 진짜로 이끌린다: 오로지 CEO가 진심으로 회사를 위대한 방향으로 이끌고자 할 때, 직원들을 자극하여 함께 전진할 수 있습니다. 오로지 CEO가 일을 사랑할 때만, 직원들이 일을 사랑하게 할 수 있습니다.

2. 젠슨 황의 리더십 테크닉

많은 엔비디아 직원들이 젠슨 황의 리더십 테크닉에 대해 의견을 밝혔습니다.

◈ 소통에 거리감이 없음

직원들은 젠슨 황이 소통할 때 직접적으로 자신의 견해를 공유하며, '의례적인' 말은 거의 하지 않는다고 말합니다. 심지어 화장실에서 마주쳐도 그는 친근하게 인사하고 대화합니다.

이러한 위계 없는 소통 방식은 위에서 아래로 형성된 분위기입니다.

◈ 젠슨 황을 대하는 직원들의 태도

일부 직원들은 회사 의장으로서 젠슨 황을 좋아하는 정도가 그를 우상으로 여기는 수준에 이르렀습니다. (대만 「디지털 시대」, 2023년 6월 21일)

6장

엔비디아의 '인간 지능' 관리법

젠슨 황은 이렇게 엔비디아형 인간을 만든다

직원들이 회사에 출근하는 주된 이유는 '돈을 벌기 위해서'이며, 이는 가장 기본적인 목적입니다. 이른바 '행복한 회사'(Happy company) 평가도 이를 가장 큰 항목으로 삼습니다.

그러나 미국에서 기업들이 '행복한 기업' 또는 '가장 행복한 직원들'(Happiest Employees)을 결정하는 각 기준은 각양각색입니다. 프로세서 3강도 각각 다른 특징을 보입니다.

6-1

무엇이 일당백의
생산성을 만드는가

2023 회계연도(2022년으로 간주) 기준 엔비디아의 직원 수는 2만 2500명, 매출은 270억 달러입니다.

매출과 직원 수를 비교하면 엔비디아의 인사 부문 상황을 분석할 수 있습니다.

2010년 이후 매출과 직원 수 자료를 보면, 엔비디아의 인사부서는 부사장급이 이끄는 부문 두 곳과 그보다 낮은 부문장(Head)급이 이끄는 부서 두 곳으로 구성되어 있습니다.

1. 1인당 매출

1인당 매출을 비교하면 엔비디아 120만 달러, 인텔 52만 달러, AMD 94만 4000달러입니다. 엔비디아의 제품 가격이 더 높은 것이 1인당 매출이 더 높은 이유로 보입니다.

참고로 엔비디아의 2020년도 1인당 매출은 79만 달러였습니다. 몇 년 사이 크게 상승했습니다.

| 엔비디아 매출 및 직원 수 추이 |

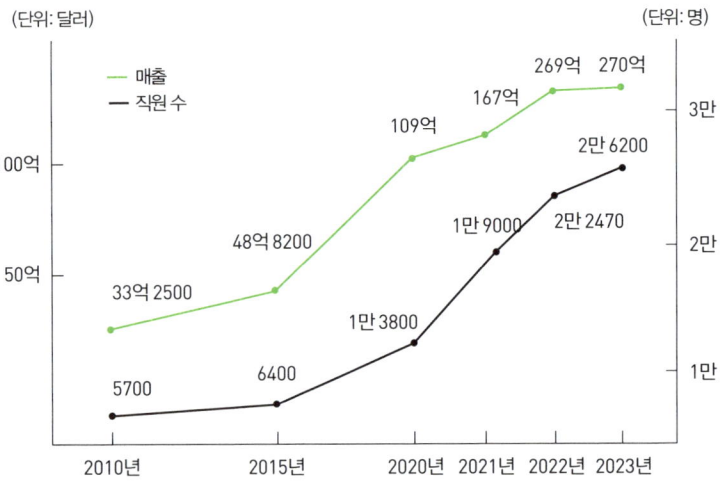

2. 인사부 편성

엔비디아의 인사 부문은 규모가 크지 않습니다. 직원 수는 약 500명 정도이며, 1명이 524명의 직원을 담당합니다.

◈ 인사 담당 부사장 셸리 세리오

인사담당 부사장(SVP) 셸리 세리오(Shelly Cerio)는 2017년 5월 취임했습니다. 링크드인에서 학력과 경력을 확인할 수 있습니다. 전문적인 학력을 갖추었으며, 일류 기업인 제너럴일렉트릭에서 기초부터 경험을 쌓아 아마존의 중고위층 인사 관리자를 역임했습니다.

- 경력: 2012년 1월부터 2017년 4월까지 아마존의 소비자 사업부에서 인사 부사장을 맡았고, 2005년 1월부터 2012년 1월까지는 아마존 소매 및 아시아 사업부 인사 부사장을 맡았습니다. 이전에는 1992년 6월부터 2005년 10월까지 제너럴일렉트릭 그룹에서 일했습니다.
- 학력: 듀크대학교 경영학 석사(1999)와 코넬대학교 학사(1992, 산업 및 노사 관계) 학위를 취득했습니다.

| 엔비디아 인사 부문 주요 관리자 |

담당	이름	직위	비고
총괄	셸리 세리오	부사장	여성
채용	린지 듀란 (Linsey Duran)	부문장	남성
채용	마이크 클레멘트 (Mike Clement)	부문장	남성
급여 및 업적 평가	니콜 드럼굴 (Nichole Drumgoole)	매니저	여성, 다양성 및 포용성 담당
급여 및 업적 평가	메이슨 스터블필드 (Mason Stubble-field)	부사장	남성
글로벌 인적자원	보 데이비슨 (Beau Davidson)	부사장	남성, 1994년 캘리포니아대학교 매스 커뮤니케이션 학사
글로벌 인적자원	-	글로벌 인적자원 오퍼레이션 부서, 글로벌 급여 부서 등	-
프로세스	닐루퍼 쾨힐린 (Nilufer Koechlin)	부문장	여성

출처: theorg.com

6-2

실적과 인간관계를 위해
출근합니다

인사 담당자가 직원들이 회사에서 일하는 이유를 알아보는 것은 중요합니다. 직원들이 무엇을 목표로 하는지 알고, 그에 맞춰 보상을 준비할 수 있기 때문입니다. 프로세서 3강의 매출, 직원 수, 직원 평균 연봉(급여, 복리후생, 수당)을 살펴보겠습니다.

1. 비용 효율성 분석

회사가 직원을 고용할 때, 직원을 인적자원 즉 기업의 주요 생산 요소 중 하나로 간주할 수 있습니다. 같은 원리로 직원에게 비용효율성 분석을 적용해 '성과·비용 비율'(Performance-cost ratio)을 계산할 수 있습니다.

◈ 효율성

회사의 연간 매출을 직원 수로 나누면 직원 1인당 연간 매출을 얻을 수 있습니다. 엔비디아는 102만 달러, AMD는 94만 4000달러, 인텔은 47만 7000달러입니다. 인텔이 1인당 연간 매출이 가장 낮은 이유는 간단합니다. 전 세계 10개 지역에 15개의 웨이퍼 공장이 있어 생산직 직원 수가 많기 때문입니다. 세계 파운드리(반도체 위탁 생산) 기업 TSMC도 생산직 직원 수가 전체 직원의 약 30퍼센트를 차지합니다.

◈ 비용

미국 컴페어러블리의 온라인 조사 결과를 보면 엔비디아 직원 연봉 평균은 14만 3500달러, 인텔은 13만 2200달러, AMD는 10만 3000달러입니다.

◈ 성과·비용 비율

평균 매출을 평균 연봉으로 나누면 성과·비용 비율이 나옵니다.

높은 순서대로 나열하면 AMD는 9.15배, 엔비디아는 8.36배,

인텔은 3.61배입니다. AMD는 직원에게 1달러를 지불하고, 직원은 회사에 9.15달러의 매출을 올려줍니다. 적은 돈으로 큰 돈을 버는 구조입니다.

2. 직원들이 출근하는 이유

컴페어러블리는 현직원들을 대상으로 한 설문에서 '입사'(Onboarding)와 관련해서 네 가지를 묻습니다. 그중 '적응'(Get acclimated) 항목은 다시 세 가지 세부 항목으로 나눠집니다. 여기에서 "당신이 출근하는 중요한 동기"를 묻습니다.

◆ 왜 출근하시나요?

2023년 7월 현재 조회할 수 있는 컴페어러블리 자료를 정리하면, 직원들이 회사에 출근하는 이유를 두 가지 측면으로 볼 수 있습니다.

첫 번째는 인사관리 측면입니다. 직원들의 약 50퍼센트가 급여를 위해, 약 13퍼센트가 경력 개발 및 관리를 위해 출근한다고 답변했습니다.

두 번째는 조직관리 측면입니다. 가장 큰 비중을 차지하는 이유는 인간관계, 특히 그중에서도 동료들과의 관계였습니다. 인텔 직원들은 회사 환경을 좋아한다는 답변이 비교적 높게 나타났습니다.

| 프로세서 3강의 비용 효율성 비교 |

(단위: 달러)

구분			엔비디아 (2023년)	인텔 (2022년)	AMD (2022년)
손익 계산	매출		270억	630억 5000만	236억
	직원 수		2만 2500명	13만 2000명	2만 5000명
	1인당 매출		120만	47만 7100	94만 4000
원가 비용	평균 급여		14만 3472	13만 2248	10만 3119
	성과·비용 비율		7.18배	3.94배	9.16배
직원들이 출근하는 이유	인사 관리	급여	54%	47%	50%
		경력 개발 및 관리	8%	13%	-
	조직 관리	회사의 사명	8%	10%	-
		인간관계	15%	7%	17%
		환경	15%	23%	-

6-3

엔비디아가 일하는 사람을 관리하는 방식

백화점 1층에 들어가면 안내 데스크나 엘리베이터에서 각 층별로 무엇을 파는지 적혀 있습니다. 고객들은 이를 보고 바로 목적지로 향할 수 있습니다. 마찬가지로, 이번 꼭지에 나열한 글의 순서도 여러분의 이해를 돕기 위한 논리를 따릅니다.

1. 전략적 인적자원관리

'전략적 인적자원관리'(Strategic Human Resources Management)의 의미는, 그 용어만 보더라도 두 가지 부분으로 나뉩니다.

◈ 전략적

이 단어는 이해하기 쉽습니다. 대만을 비롯한 많은 나라의 기업에서는 이사회가 회사의 전략을 수립합니다. 따라서 전략적이란 '최고 경영진의 일'을 의미합니다. 특히 의장이 직접 인적자원을 관할한다면, 그 기업이 인사부문의 기여를 굉장히 중시한다는 뜻입니다.

◈ 인적자원관리

쉽게 말해 인사관리입니다. 어떤 이들은 '용, 신, 훈, 진, 퇴'* 라는 다섯 글자로 표현합니다. 인적자원 관리의 최종 목적은 인재 확보 및 유지, 생산성 향상입니다.

◈ 전략적 인적자원 관리

인적자원관리 활동의 각 항목 앞에 형용사를 붙여서 말을 만들 수 있습니다. 예를 들어 '경쟁력 있는 급여'(Competitive salaries) 같은 식입니다.

---

* 용(用)은 채용, 신(薪)은 급여, 훈(訓)은 교육, 진(晉)은 승진, 퇴(退)는 퇴직을 의미합니다.

2. 평가표 만들기

전략적 인적자원관리를 위해 제가 만든 표를 활용해 볼 수 있습니다. 용, 신, 훈, 진, 퇴를 적용한 평가표는 6대 대분류, 12개 소분류로 나뉩니다. 다양성과 포용성에는 성평등 항목이 포함됩니다. 보상은 급여, 복지, 수당을 포함합니다.

| 전략적 인력자원 관리표 |

투입		전환		산출	
대분류	소분류	전략성	기능성	직원들의 인정	
				배점	상세
채용	목적 지향				
인력 계획	다양성과 포용성				
	면접 및 인재 확보				
	직원 온보딩				

보상	경쟁력 있는 급여				
	복지 및 수당				
	직원의 웰빙				
교육 및 대인 관계	성장의 기회				
승진	경력 개발				
	기업의 사회 공헌				
퇴직	투명성				
	성과 관리				

3. 엔비디아의 방식

엔비디아의 인적자원관리는 조직 계층에 따라 전략적 인적자원관리와 기능적 인적자원관리로 나누어집니다. 그리고 젠슨 황은 인적자원관리에 아주 많은 시간을 투자합니다. 직원들에 대한 젠슨 황의 생각은 엔비디아 웹사이트에 게재된 다음과 같은 발언에서 유추할 수 있습니다.

엔비디아를 현재의 회사로 만들어낸 놀라운 사람들보다 더 자랑스러운 것은 없습니다. 우리는 함께 AI, HPC, 게이밍, 크리에이티브 디자인, 자율주행 자동차, 로보틱스의 발전을 주도합니다.

◈ 전문 인력에 회사의 운명이 달렸다

엔비디아의 회사 운영 방식은 '팹리스(Fabless, 공장이 없는)' 칩 설계 회사(IC design corporation)입니다. 칩 설계가 완료되면 파운드리인 TSMC에 생산을 맡깁니다. AI 칩을 예로 들면 이렇게 생산된 칩은 주로 서버 제조사에 판매되고, 서버는 클라우드 컴퓨팅 서비스 운영사에 판매되고, 이들이 개인이나 기업 또는 정부 기관에 서비스를 제공하게 됩니다.

다시 말해서 엔비디아의 주요 기능은 '연구 개발'입니다. 대만의 모바일 칩 회사인 미디어텍을 예로 들면, 직원 2만 명 가운데 절반 이상이 연구 개발 인력입니다. 칩 설계 인력은 대체로 석사 이상의 학력에, 주로 전자기계 또는 정보공학을 전공한 전문가들입니다. '지식 집약형 산업'에 해당하며 소매나 외식업 등 노동 집약적 산업과는 상당히 대비됩니다.

이런 기업에서는 전 세계 일류 인재를 어떻게 유치하고 오랜 기간 안정적으로 보유할 것인가가 관건입니다. 때문에 조직관리와 인적자원관리는 회사의 가장 중요한 문제로, CEO가 많은 시간을 투자해야 하는 일입니다. 단지 인사부문의 기능적인 업무가 아니라 회사의 근간과 관련된 전략적 인적자원 문제이기 때문입니다.

4. 구글의 방식

구글의 에릭 슈미트(Eric Schmidt) 전 회장과 조너선 로젠버그(Jonathan Rosenberg) 전 수석 부사장이 공동 저술한 『구글은 어떻게 일하는가』의 '서문'은 인재의 중요성과 좋은 인재를 유치해야 하는 이유를 다음과 같이 강조합니다.

◈ **기업 문화**

사명 선언(Mission statement)은 특히 중요합니다. 사명 선언이 있어야 기업이 길게 갈 수 있습니다.

◈ **전략**

올바른 전략이 있어야 좋은 결과를 기대할 수 있습니다.

🔹 인재 채용

기업의 각급 관리자 모두에게 가장 중요한 일입니다. 인재 수가 충분하고 이들의 재능이 창의적인 제품과 서비스로 전환되어야 고객들을 만족시키고 지속 가능한 성장을 이룰 수 있습니다.

조직관리에서는 두 가지 중요한 방식이 있습니다.

첫째, 모든 이들이 참여해야 합니다. 한 예로 2010년에 구글이 중국 본토에서 철수해야 하는지[*]에 대해 슈미트가 회의를 소집했고, 5시간 동안 열린 회의에서 모든 참석자는 자신의 의견을 글로 명확히 작성해야 했습니다.

둘째, 기업은 직원들의 생각을 받아들여야 하며, 그들에게 명령을 따르도록 강요해서는 안 됩니다. 한 예로 개발자들에게 업무 시간의 20퍼센트를 자신의 아이디어를 실험하는 데 사용하는 제도를 실시했는데, 이는 많은 창의적인 아이디어를 촉발했습니다.

---

[*] 2009년 12월 구글은 중국 인권운동가들의 지메일(Gmail) 계정이 중국 해커들로부터 사이버공격을 받았다고 밝혔습니다. 중국에서 이런 일이 벌어졌다고 말한 것은, 공격 대상의 성격상 구글이 공격 주체를 중국공산당 및 중국 정부라고 간접적으로 지목한 것입니다. 2010년 1월 구글은 본문에 언급된 회의 끝에 더 이상 중국의 검열을 받지 않겠다는 입장을 발표했습니다. 이어 같은 해 3월 구글은 중국 내 구글 웹사이트를 폐쇄하며 사실상 중국 시장에서 철수했습니다. 이후 중국 인터넷 당국은 중국 본토 내 구글 검색, 안드로이드 플레이스토어, 구글 지도, 유튜브 등 구글의 주요 서비스 접속을 차단했습니다.

엔비디아형 인간의 조건

"강한 장수 밑에 약한 병사 없다"(強將手下無弱兵)는 말이 있듯이, 처음 병사를 뽑을 때부터 약자는 걸러내고 강자만 남겨야 합니다. 이번 꼭지에서는 젠슨 황과 엔비디아의 채용 기준을 설명합니다.

1. 채용의 중요성

젠슨 황은 직원들이 회사의 기업 문화에도 영향을 미친다고 생각하여 직원 선발에 신중을 기합니다. 또한 특정 직급(예: 부사장) 이상의 인원은 그가 직접 면접을 봅니다.

2. 로버트 카츠의 제안

1955년 3월, 하버드대학교 경영대학원 교수 로버트 L. 카츠 (Robert L. Katz)는 「하버드 비즈니스 리뷰」 33호에 게재한 '효과적인 관리자의 스킬'이라는 논문에서 각 직급의 관리자가 갖추어야 할 세 가지 스킬을 제시했습니다.*

저는 카츠의 스킬을 다시 나눠서, 다음 표에서 보실 수 있는 하위 분류를 구성했습니다.

3. 젠슨 황의 네 가지 조건

젠슨 황은 2010년 6월 5일 「뉴욕 타임스」 기자와의 인터뷰에서 엔비디아의 인재 채용 조건에 대해 언급했습니다. 다음 표

---

* 로버트 카츠는 이 논문(Skills of an Effective Administrator)에서 관리자에게 필요한 스킬이 테크니컬 스킬(직능 분야에 해당하는 고유 기술력), 휴먼 스킬(대인관계 능력), 컨셉추얼 스킬(현상을 보고 본질을 파악하고 의미를 부여해 구조화하는 능력) 등 세 가지라고 규정합니다. 관리자는 직급이 올라갈수록 일상적 업무에서 벗어나 예외적 업무를 하게 됩니다. 그에 따라 직급별 관리자에게 필요한 스킬도 달라집니다. 하급 관리자는 테크니컬 스킬과 휴먼 스킬만 보유하면 됩니다. 그러나 위로 올라갈수록 점차 테크니컬 스킬의 비중은 줄고 컨셉추얼 스킬의 필요성이 늘어납니다. 최고위급 관리자는 테크니컬 스킬은 필요 없고 휴먼 스킬과 컨셉추얼 스킬만 보유하는 단계까지 이르게 됩니다.

에 제시된 내용입니다.

이듬해 한 기자가 젠슨 황에게 "10년 후 엔비디아가 어떤 방향으로 나아가길 바라는가"라고 물었습니다.

젠슨 황은 "엔비디아 직원들이 어린아이처럼 호기심으로 가득 차서 계속 혁신을 유지하기를 바랍니다. 이것이 기술 업계에서 생존하는 방법입니다"라고 답했습니다. (「아시안 비즈니스 리더」(Asian Business Leaders), 2021년 12월 2일)

4. 엔비디아형 인간

미국 캘리포니아의 온라인 구직 사이트 잡스몰(JobzMall)은 구직자의 영상 이력서를 주로 다루며 신입사원 채용에 중점을 둡니다. 2023년 1월 27일에는 사업 영역을 글로벌로 확대했습니다.

엔비디아 채용과 관련해서는 다음과 같은 내용이 눈에 띕니다.

엔비디아 직원 추천(Employee referrals)은 매우 유용합니다. 채용 합격자 40퍼센트는 직원 추천으로 면접을 보았습니다.

대학 졸업생은 실습 경험이 있는 것이 좋으며, 특히 엔비디아의 산학 협력 프로그램 경험이 중요합니다.

엔비디아형 인간

대분류	중분류	소분류		구체 사항 ＊황: 젠슨 황이 설명한 사항 ＊몰: 잡스몰에서 정리한 사항
컨셉추얼 스킬	결정력	국제관	-	-
		경력	-	-
		담력	황	위험을 감수하고 실수할 수 있어야 한다
	창의성	학습력	몰	고도의 분석 능력과 문제 해결 능력
		창의성	몰	풀기 어려운 문제를 맞닥뜨렸을 때 창의적으로 사고한다
			황	어린 아이의 눈으로 세계를 본다
휴먼 스킬	팀워크		몰	• 팀 환경에서 다른 사람들과 협력하는 능력 (협업 기술) • 엔비디아는 팀 빌딩이나 활동에 대한 지원을 별도로 제공하지 않는다
	감정 관리	성취 동기	황	기술과 혁신에 대한 강렬한 '열정'(Passion)
		역경 극복	황	시대는 변하고, 우리의 기회도 변하지만, 유일하게 변하지 않는 것은 우리의 열정과 끈기이다
테크니컬 스킬	직업 윤리		몰	고객 서비스의 중요성을 이해한다
	표현 능력		몰	우수한 의사 소통 능력
	전문성		황	다양한 직위에 맞춰 학사, 석사, 박사 학위가 필요하다

6-5

꿈의 직장으로 오세요, 다양성과 포용성을 보장합니다

회사가 직원을 채용할 때 '고용 차별'을 해선 안 됩니다. 이번 꼭지에서는 미국과 대만의 법적 요구사항부터 시작하여 엔비디아의 접근 방식을 설명합니다.

1. 다양성을 위한 법적 요구사항

노동법상 채용 다양성(Labor diversity), 평등, 포용성 규정은 대부분 고용 평등을 보장하기 위한 조치입니다. 또한 고용주의 노동자 착취 등 부정을 방지하기 위한 목적도 있습니다.

◈ **미국**

미국 연방법은 1963년부터 1990년 사이에 '다양성, 평등, 포용'에 대한 규제를 점진적으로 도입했습니다. 각 주에서도 이에 대응하는 주법이 있습니다.

| 미국 연방법: 다양성, 평등, 포용성 관련 내용 |

대분류	중/소분류	연도	법령
다양성	지역 성별 연령 인종 종교 성적 취향	1967 1975 1964 1965	ADEA(고용연령차별금지법)
평등	급여 평등 교육 기회 승진 기회	1963	EPA(동일임금법) 대통령령 제12246호
포용성	장애인 퇴역군인	1973 1990	재활법 ADA(장애인법)

◈ **대만**

1992년 제정된 취업서비스법 제5조 '취업 기회의 평등' 조항에서 18개 항목에 걸쳐 취업 차별을 금지합니다.*

2. 엔비디아의 채용 정책

엔비디아는 직원 다양성 등 문제에 대해 '해납백천'(海納百川, 바다는 모든 하천을 받아들인다), 곧 모든 이들을 받아들인다는 포용적인 입장을 취합니다.

◆ 표어

다양성, 포용성, 소속감: 우리의 잠재력을 온전히 실현한다.

Diversity, inclusion, and belonging: unlocking our full potential.

◆ 엔비디아의 소개글

엔비디아 웹사이트를 보면 다음과 같은 표현이 나옵니다.

지금까지 만난 적 없는 꿈의 직장

NVIDIA는 계속해서 학습합니다. 누구나 목소리를 낼 수 있으며 인재

---

* 한국의 노동법도 채용에서 성별, 연령, 장애 여부 등을 이유로 차별하지 않아야 하며, 이를 위반할 경우 법적 제재를 받을 수 있다고 규정합니다.(고용정책 기본법 제7조 등)

들이 자신들만의 업적을 달성할 수 있는 환경을 조성했습니다.

그 외에도 엔비디아는 "모두가 목소리가 있고, 모두가 속한 곳이 있다"고 말합니다. 채용 시 지역, 성별, 연령, 인종, 종교 등에서 다양성을 취하기 위해 노력합니다. 다양성이 놀라운 아이디어와 새로운 관점으로 이어진다고 생각하기 때문입니다.

또한 "창의력은 인생을 변화시키는 전환점"이라고 말하며 직원들의 창조와 혁신을 강조합니다. 혁신은 관리, 상품, 기술 등 모든 면에서 이루어질 수 있고 매출과 이익으로 이어지기 때문입니다.

3. 엔비디아는 다양성을 어떻게 보장하는가

◆ 지리적 다양성

엔비디아 중국계 직원에 따르면, 회사 직원 중 인도계가 45퍼센트, 중국계가 30퍼센트를 차지합니다. 젠슨 황은 아시아인도 그 자신이 다다른 직위에 이를 수 있으며 엔비디아에서 누구도 차별받지 않는다고 말합니다.

◈ **성별과 인종 다양성**

여성 직원의 수와 소수 인종 핵심 개발자 수가 지속적으로 증가해 왔습니다.

6-6

그 문제를
어떻게 해결할 건가요?

프로세서 3강 기업들은 모두 캘리포니아에 소재한 평균 연봉 10만 달러 이상의 기업입니다. 수많은 구직 웹사이트가 이들 기업의 면접 절차를 설명합니다. 이번 꼭지에서는 컴페어러블리의 직원 평가 점수를 바탕으로 분석했습니다.

1. 엔비디아의 면접 과정

◈ **온라인 면접 및 전화 면접**

통상적으로 온라인 면접(Virtual interviews)이나 전화 면접(Phone screening) 후 대면 면접이 이루어집니다.

◆ **대면 면접**
- 1단계: 인사 부문 채용팀과 면접(소요 시간 약 45분)을 봅니다.
- 2단계: 해당 부서의 관리자 등 두 명과 면접을 봅니다. 2단계 면접자 가운데 최종 합격 통지를 받는 것은 10퍼센트 정도입니다. 최종 합격자 중 95퍼센트가 실제로 출근합니다.

2. 엔비디아의 면접 질문

면접 시 질문은 대부분 한 가지입니다. 면접관은 지원자가 문제를 어떻게 해결하는지를 알고 싶어 합니다.

◆ **구직 사이트 글래스도어의 평가**
- 난이도: 5점 만점에 3.5점으로 평균 수준입니다.
- 질문 내용: 면접자의 직무와 연관된 능력을 묻습니다. 개발자를 예로 들면 "당신의 프로그래밍 능력 수준을 어떻게 설명하시겠습니까?"라고 질문합니다.

◆ **프로세서 3강 비교**
다음은 컴페어러블리가 각 기업의 재직자가 자신이 본 면접에 매긴 평가 점수(만점 100)를 비교한 것입니다.

- 엔비디아 92점, 상위 5퍼센트, A+
- 인텔 75점, 상위 25퍼센트, B
- AMD 77점, 상위 20퍼센트, B+

| 엔비디아 직원들의 면접 평가 |

대분류	소분류	답변				
면접 과정	1. 당신은 회사 첫 면접을 어떤 형식으로 진행했습니까?	대면 50%	추천 19%	전화 19%	인터넷 12%	기타 0%
	2. 면접 과정이 회사의 문화를 잘 보여줬다고 생각하십니까?	그렇다 69%	아니다 31%	-	-	-
	3. 회사 면접 과정의 난이도를 어떻게 평가하시겠습니까?	매우 어려움 39%	어려움 17%	보통 40%	쉬움 30%	아주 쉬움 10%
면접 결과	4. 마지막 면접 이후 합격 연락을 듣기까지 얼마나 걸렸습니까?	당일 통보 3%	1주 내 62%	1~2주 15%	2~4주 0%	4주 이상 14%
	5. 현재 회사의 채용 과정에 최종 합격하기까지 전화/대면 면접을 몇 차례 하셨습니까?	1회 15%	2회 39%	3회 15%	4회 0%	5회 이상 31%

6-7

당신은 창의적이고 열정적인, 냉정한 문제 해결자입니까?

젠슨 황은 의장 겸 CEO로, 일반적으로 그가 직접 면접해야 하는 사람은 두 부류입니다.

최고경영진 약 다섯 명과 부문장(수석부사장급) 약 열두 명입니다. 이하 관리자 자리는 대부분 회사 내부 승진으로 채워집니다.

◆ 젠슨 황의 면접 질문

- 자료 출처: 젠슨 황은 2010년 6월 5일에 보도된 「뉴욕 타임스」 칼럼니스트 아담 브라이언트(Adam Bryant)와의 인터뷰에서, 자신이 채용 때 면접을 어떻게 진행하는지 털어놨습니다.
- 질문: 다음 표를 보면 젠슨 황이 면접 때 던진 질문에 지원

자들이 어떻게 답변했고, 그 답변에서 젠슨 황이 어떤 판단을 했는지 알 수 있습니다.

| 젠슨 황의 면접 질문 |

항목	젠슨 황의 질문		답변
1. 열정	"무엇을 아주 좋아하나요?" (강렬한 열정을 가져야 다른 사람이 자발적으로 움직이게 할 수 있고, 성공한 사람이 될 수 있다는 생각을 반영한 질문)	좋은 답변	골프를 좋아한다고 답하고, 어떻게 골프를 잘 치게 되었는지를 설명한다
		나쁜 답변	특별히 아주 좋아하는 건 없다고 말한다
2. 모험과 실수	"당신의 가장 큰 실패는 무엇이었나요?" "어떻게 대응했나요?" "당신은 어떻게 일상에 복귀할 수 있었나요?"	좋은 답변	역경에 맞닥뜨렸을 때 냉정해진다(심박도 오히려 느려진다)고 답한다. 젠슨 황도 그럴 때가 있었고, 생각이 더욱 가지런해졌다고 말한 바 있다.
		나쁜 답변	큰 실패를 겪었을 때 당황했고, 이후에 배운 게 없어서 같은 실수를 또 저질렀다고 말한다.
3. 어린이의 눈으로 본 세상	아무거나 하나 가르쳐 달라고 한 뒤, "그걸 이렇게 한번 해보면 어때요?"라고 묻는다.	좋은 답변	브레인스토밍을 할 수 있고 창의성이 있는 사람은 "당신의 그런 방식은 흥미롭네요. 좋습니다. 그렇게 한번 해봅시다"라고 답한다.
		나쁜 답변	어울리기를 좋아하지 않는 사람은 "이미 해본 방식인데, 소용 없었습니다"라고 답한다.

7장

젠슨 황이
'사람'을 키우는 법

기버는 테이커보다 힘이 세다

엔비디아 웹사이트를 보면, 인적 자원 관리에 대해 다음과 같이 설명합니다.

"하이테크 기업은 인재를 위해 경쟁합니다. 높은 급여(주식과 옵션 포함)로 인재를 유치해야 하고, 그렇게 모셔온 인재에게는 좋은 복지와 업무 환경 및 조건으로 회사에 계속 머물도록 해야 합니다."

엔비디아는 웹사이트의 'About us' 섹션에서 '엔비디아의 직원 급여, 복지, 보상 등 업무 조건'을 매우 체계적으로 설명합니다.

새 직원이 회사에 적응할 수 있게 적극적으로 돕는다

회사에 신입사원이 들어오면, 인사부는 대개 하루 정도는 신입사원 온보딩(Onboarding)을 진행합니다. 만약 신입사원이 대학 또는 대학원을 갓 졸업한 이들이라면 강당이나 큰 회의장에서 입사식을 열기도 하고, 경우에 따라 신입사원 교육(Orientation)을 실시하는 곳도 있습니다.

1. 온보딩

온보딩은 조직 사회화(Organizational socialization)라고 부르기도 합니다. 새로 입사한 직원이 기업에 적응하기 위해 필요한 지식, 기술 및 행동을 습득하는 메커니즘을 말합니다. 많은 회사에서 온보딩을 위해 입사식을 진행하고, 주로 다음과 같은 형태로 각 부서에서 전문가가 나와 설명합니다.

- 전략기획팀: 회사의 비전과 미션, 목표, 조직 구조를 설명합니다.
- 인사팀: 휴가, 직원 출퇴근 관리 등을 설명합니다. 때로는 간단한 게임 등을 진행하여 같은 부서 신입들이 자연스럽게 서로 알게 합니다.
- 각 부문별: 여러 부문의 현황과 전망을 설명합니다.

2. 직원들의 평가

다음 표에서 보듯이, 컴페어러블리의 질문 목록에는 온보딩에 대한 질문 세 가지가 포함됩니다.

| 프로세서 3강 신입 사원의 온보딩 평가 |

질문	답변	엔비디아	인텔	AMD
현재 재직 중인 기업의 온보딩 프로그램은 어땠습니까?	매우 좋음	67%	27%	0%
	좋음	22%	31%	25%
	보통	0%	27%	50%
	나쁨	0%	12%	0%
	매우 나쁨	11%	3%	25%
온보딩 프로그램은 긍정적인 경험이었습니까?	그렇다	91%	79%	33%
	아니다	9%	21%	67%
입사 후 첫 90일 동안 직속 상사는 온보딩에 많은 도움을 주었습니까?	그렇다	89%	67%	67%
	아니다	11%	33%	33%

3. 프로세서 3강의 점수

◆ **엔비디아 81점**

직원 67퍼센트는 온보딩 프로그램이 '매우 좋았다', 22퍼센트는 '좋았다'고 답했습니다. 긍정적인 평가가 총 89퍼센트로 매우 높습니다.

◆ 인텔 75점

직원들의 긍정적인 평가는 58퍼센트로 평범한 편입니다. 인텔의 온보딩 프로그램은 특별할 것도 없지만 그다지 나쁘지도 않은 방식으로 이루어지는 것 같습니다.

◆ AMD 77점

AMD의 인사팀은 온보딩 프로그램에 그다지 노력을 기울이지 않는 것 같습니다. 직원의 50퍼센트가 보통이었다고 답했고, 25퍼센트는 '매우 나쁘다'고 답했습니다.

7-2

일류 인재에게
최고의 수준의 급여를 제공한다

직원들이 회사에 출근하는 이유 중 약 50퍼센트가 급여 때문입니다. 엔비디아의 연봉은 인텔보다 1.1만 달러, AMD보다 3만 달러 더 많습니다. 직원들의 급여 만족도 평가도 이와 유사합니다.

1. 질문

급여에 대한 질문은 크게 두 가지입니다.

첫 번째는 "당신의 급여 중 가장 좋아하는 항목은 무엇입니까?"입니다. 급여에는 기본급, 직원 주식 제도(ESOP, ESPP, RSU[*] 등), 복지(뷔페식 카페테리아, 의료보험 등), 수당(주로 점심 수당을 뜻하나,

일부 주택 수당도 해당됨)이 포함됩니다.

두 번째는 "만약 당신이 회사의 급여가 적다고 생각하면, 회사는 어떻게 대응합니까?"입니다.

2. 직원 평가

엔비디아는 79점을 받았습니다. 동종업계 상위 10퍼센트에 해당합니다. 엔비디아는 의도적으로 급여 수준을 높여 일류 인재를 유치하고 유지하려 합니다. 2022년 엔비디아는 직원 주식 구매 계획(ESPP)을 통해 인턴을 포함한 직원들에게 3억 달러를 할당했습니다.

인텔은 74점으로 동종업계 상위 20퍼센트, AMD는 71점으로 동종업계 상위 35퍼센트에 해당합니다.

﹡ ESOP, ESPP, RSU는 미국 기업의 직원들이 자사 주식을 매입할 수 있는 제도입니다. 직원 스톡 옵션 계획(ESOP)은 미래 특정 날짜에 미리 정해진 가격으로 주식을 매수할 수 있는 선택권입니다. 직원 주식 구매 계획(ESPP)은 기존 시장 가격에 미리 결정된 할인을 적용해 정기적이고 지속적으로 매수할 수 있는 제도입니다. 양도 제한 조건부 주식(RSU)은 재직 기간과 조건이 충족되었을 때 약속한 만큼의 주식을 받는 제도입니다.

7-3

모든 직원이 회사에서
평생 발전할 수 있도록 한다

기본급과 복지·수당에는 차이가 있습니다. 기본급은 대부분 현금으로 지급되는 반면, 복지(예: 의료보험)와 수당(예: 식대, 주택)은 현금으로 지급되지 않습니다. 엔비디아는 이 분야에서도 프로세서 3강 가운데 가장 높은 점수를 받았습니다.

1. 자료 및 직원 평가

컴페어러블리는 복지·수당에 대한 평가를 하지 않습니다. 대신 미국 캘리포니아 기반 구직 사이트 글라스도어의 자료를 토대로 살펴보았습니다.

5점 만점의 직원 평가에서 엔비디아는 4.4점, 인텔은 4.2점, AMD는 4.2점을 받았습니다.

2. 엔비디아의 설명

엔비디아는 직원들이 회사에서 평생 발전할 수 있다고 강조합니다. 직원들이 인생의 각 단계에서 필요한 것들을 회사가 꾸준히 제공한다는 의미입니다. 직원 및 가족의 건강, 부모 돌봄, 정서적 지원과 재정적 안정(예: 학자금 대출) 등을 지원한다는 의미입니다. 엔비디아 홈페이지에 나오는 글을 보면 그 각오를 느낄 수 있습니다.

모두에게 혜택을 제공합니다.
엔비디안들은 이곳에서 평생 동안 일할 수 있습니다.
당신의 존재가 엔비디아에게 가장 소중하다는 사실과, 그에 합당한 처우를 받는다는 것을 잘 알기 때문입니다.
우리는 당신과 당신 가족의 육체적, 정서적, 재정적 웰빙을 돌보는 프로그램에 집중합니다.
우리는 또한 인생의 모든 단계에서, 학자금 대출 처리부터 노부모 돌봄과 가족 형성에 이르기까지, 직원들이 필요로 하는 모든 것을 예상하기 위해 노력합니다.

7-4

특별한 환경의 직원들을
특별하게 지원한다

포용성(Inclusive)은 다름에 대한 인정, 즉 관용(Tolerant)을 의미합니다. 민족, 인종, 종교, 의견, 행동 등이 자신과 다른 사람들에게 '객관적이고 공정하면서 존중하는 태도'를 취하는 것입니다.

1. 엔비디아의 포용 정책

엔비디아는 공정하고, 도덕적이며, 포용적인 회사를 목표로 합니다.

우리는 사회적 소수자들에게 공감할 수 있어야 합니다. 엔비디아가 기회를 제공해야 합니다.

우리는 이것이 옳고 정의로운 일이라고 믿고, 그렇기에 이렇게 하며, 이것이 엔비디아를 더 좋은 회사로 만들 것이라고 믿습니다.

2. 엔비디아의 포용성

◈ 커뮤니티 리소스 그룹

엔비디아가 지원하는 다양성 그룹이라 볼 수 있는 9개의 CRG(Community resource groups)를 재분류해서 보면 성별(여성, 엔비디아 프라이드), 인종(아프리카계, 라틴계), 지역(아시아 태평양, 남아시아), 신체 상태(장애), 직업 정체성(퇴역 군인), 연령(조기 취업) 등으로 묶을 수 있습니다.

◈ 세 가지 특별한 환경

엔비디아는 특별한 환경에 놓인 직원들에게 충분한 지원을 합니다. 신경 다양성(Neurodiversity), 돌봄 제공자(Caregivers), 자녀가 있는 직원(Working parent) 등입니다.

여기서 신경 다양성은 '뇌의 능력이 다르다'는 의미입니다. 예를 들어 지적장애인의 뇌 능력은 비장애인과 비교해 변이(Variations)

일 수는 있어도 결함(Flaws)은 아니라는 뜻입니다.

◆ 외부 포용성

25개 대학을 대상으로 하는 산학협력형 프로그램이 있습니다. 소수인종 기관(Minority-serving institution)과 역사적 흑인 대학(HBCUs)[*], 히스패닉 기관을 포함합니다.

---

[*] 역사적 흑인 대학(Historically black colleges and universities)은 1964년 민권법 제정 이전에 아프리카계 미국인을 위해 지어진 대학입니다. 대부분 미국 남북전쟁 이후에 세워졌으며 주로 미국 남부에 많습니다.

7-5

멘토는 없습니다만,
원하는 직무로 일하는 경험은 제공합니다

직원들이 회사에 출근하는 이유 가운데 10퍼센트는 '직급 상승과 재산 증식'입니다. 따라서 급여가 가장 높다고 해서 곧장 그 회사를 선택하는 것은 아니며, 전문성 개발과 발전 기회의 유무도 매우 중요합니다. 인적자원 관리 평가 항목 가운데 엔비디아는 유독 직원 경력 개발에서만 최저 점수를 받았습니다.

1. 직원 경력 개발

직원 경력 개발 평가 점수는 엔비디아 55점, 인텔 58점, AMD 70점입니다.

1등을 차지한 AMD는 현직원 평가의 인적자원 관리 항목 가운데 여기에서만 선두입니다.

컴페어러블리의 현직원 평가 항목에서 '전문성 개발'에 관한 질문은 두 가지뿐입니다. 자세한 내용은 다음 표를 참조하시기 바랍니다.

| 프로세서 3강 직원들의 경력 개발 지원 평가 |

질문	답변	엔비디아	인텔	AMD
회사가 당신을 위해 선배 직원을 멘토로 지정해 주었습니까?	그렇다	19%	32%	60%
	아니다	81%	68%	40%
회사가 경력 개발을 위한 의미 있는 기회를 줍니까?	그렇다	56%	49%	57%
	아니다	40%	51%	43%

2. 직원들의 불만족

엔비디아는 자신들이 무한한 기회를 제공한다고 말합니다. 다음은 엔비디아 홈페이지에 적힌 문구입니다.

모두를 위한 무한한 기회. 빼어난 사람들과의 교류.

직장 내에서 동맹을 만들고, 다음에 올 것을 함께 만들어가면서, 당신 평생의 일을 찾으세요.

엔비디아 인사팀은 직원들에게 세 가지 경력 개발 프로그램을 제공합니다. 맞춤형 멘토 프로그램, 그림자 직무 체험(Job-shadowing experiences), 리더십 개발 기회입니다.

그림자 직무 체험이라는 항목이 좀 특이합니다. 예를 들어 '부사장의 특별비서 견습생'으로 일하게 되면 표면적으로는 특별비서로서 그림자 역할을 하지만, 실질적으로는 좋은 부사장이 되는 법을 배울 수 있다는 뜻입니다.

그렇지만 "회사가 당신을 위해 선배 직원을 멘토로 지정해주었습니까?"라는 질문에 대해, 엔비디아 직원 81퍼센트는 "아니오"라고 답했습니다.

엔비니아 내에는 다양한 인재가 모였으니 무한한 기회가 있다고 말할 수 있습니다. 하지만 회사가 돕기보다는 스스로 개척해야 하는 형태로 보입니다.

7-6

계속 함께 일하기 위해 노력한다

　마케팅 캠페인의 필수 요소인 마케팅 믹스(4Ps) 중 세 번째 P인 프로모션(Promotion)에는 '고객 관리'가 포함됩니다. 주요 목적은 '새로운 고객을 단골로 만드는 것'입니다. 이를테면 신규 고객을 유치하려면 광고 및 홍보비로 400달러가 들지만, 기존 고객을 유지하는 데에는 로열티 프로그램 포인트 적립 비용 정도인 10달러면 충분한 이치입니다.

　회사 안에서도 직원들을 유지하는 것(Employee retention)이 새 직원을 채용하는 것보다 더 중요합니다. 단순히 채용과 훈련 같은 비용 문제뿐만이 아니라, 직원들의 내부 결속력과 인간적 관계가 중요하기 때문입니다. 특히 일선 직원들을 회사에 계속 다니도록 유지하는 것은 고객과의 관계 유지 차원에서도 회사에 큰 영향을 미칩니다.

1. 문항

컴페어러블리는 15개의 질문을 던져 '직원 유지'에 대해 현 직원들의 답변을 이끌어 냈습니다.

질문은 업무, 대인관계, 직무 만족도 등 세 가지 대분류로 나눌 수 있습니다.

15개 가운데 2-1과 2-2는 얼마나 직접적으로 물었는지에 차이가 있을 뿐 사실상 같은 내용이므로 전체 질문은 14개로 볼 수 있습니다.

그리고 '3지 선다'로 구성했을 때 응답자가 중간값을 선택하는 것을 피하기 위해 대부분의 문항은 '예' 또는 '아니오'의 이분법 형태로 고안되었습니다.

직원을 유지하기 위한 엔비디아의 노력

구분			네	아니오
업무	급여	1. 당신은 공평하게 급여를 받습니까?	76%	24%
		2-1. 더 많은 급여를 준다는 이직 제안이 오면 거절하겠습니까?	79%	21%
		2-2. 급여를 1.2배 올려주겠다는 제안에 이직하겠습니까?	25%	75%
	업무 내용	3. 회사에서 도전적인 상황을 겪습니까?	70%	30%
		4. 회사에서 번아웃됐다는 느낌을 받습니까?	53%	47%
인간관계	상사와의 관계	5. 업무를 더 잘할 수 있도록 주어지는 피드백을 얼마나 자주 받습니까?	3개월 13%	1년 26%
		6. 경영진이 회사를 잘 이끕니까?	83%	17%
		7. 회사 리더들은 당신을 직원으로 유지하기 위해 필요한 일을 합니까?	55%	45%
	동료와의 관계	8. 다른 동료들과 교류하는 것이 늘 기대됩니까?	85%	15%
		9. 동료들에게 점수를 매긴다면 몇점입니까?	84점	–
		10. 회사에 친한 친구가 있습니까?	68%	32%
		11. 업무 이외의 일로 같은 팀 팀원들과 얼마나 자주 어울립니까?	주 1회 27%	월 1회 23%
업무 만족도		12. 매일 회사에 가는 것이 흥분되는 일입니까?	81%	19%
		13. 당신의 일자리가 안정적이라고 생각합니까?	73%	21%
		14. 회사의 일원이라는 게 자랑스럽습니까?	92%	8%

2. 엔비디아, AMD 비교

　엔비디아는 100점 만점에 79점을 받았습니다. 등급으로 따지면 A입니다. 이는 1만 명 이상 기업(1341개사)에서 상위 10퍼센트, 실리콘밸리 인근 기업에서 상위 30퍼센트에 해당합니다.
　AMD는 75점을 받았습니다. 등급으로 따지면 B+입니다.
　다음 그래프를 보면, 엔비디아와 AMD는 직원을 유지하려는 의지가 1년 내내 안정적인 것으로 나타납니다. 인텔은 관련 데이터가 부족해서 도표화하지 못했습니다.

| 기업별 직원을 유지하려는 의지 |

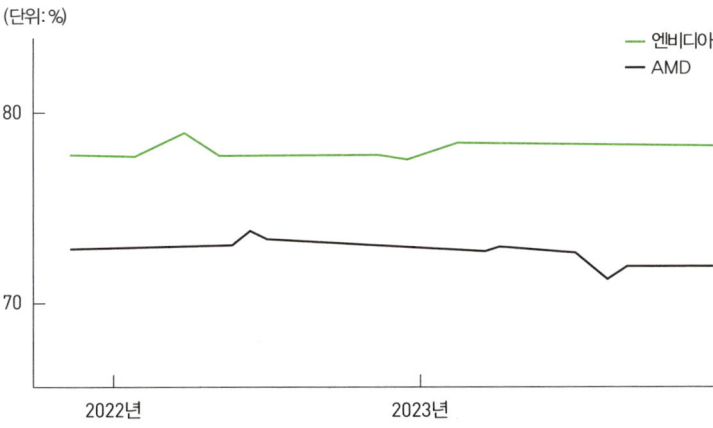

위기 상황에서
직원의 신뢰를 얻는 방법

원래는 미국 미시간대학교 등 세 기관이 대기업들을 대상으로 실시하는 고객 만족도 지수를 통해 비교하려고 했습니다. 그러나 해당 지수에는 재직 중인 직원들의 회사 만족도 지수가 포함되지 않았습니다. 대신 「포춘」에 실린 '직원들이 가장 일하고 싶어하는 회사' 조사 결과로 비교했습니다.

1. 일하고 싶은 회사

「포춘」은 해마다 4월 '일하기 좋은 100대 기업' 순위를 발표합니다. 2022년과 2023년 엔비디아의 순위와 엔비디아를 앞선 기업들은 다음과 같습니다.*

◆ 2022년 엔비디아 5위

1위는 시스코, 2위 쉐라톤 호텔, 3위 웨그먼스 슈퍼마켓, 4위 세일즈포스였습니다.

◆ 2023년 엔비디아 6위

1위는 시스코, 2위 쉐라톤, 3위 아메리칸 익스프레스, 4위 웨그먼스, 5위 액센츄어(컨설팅)였습니다.

2. 엔비디아가 직원들의 신뢰를 얻은 계기

◆ 2008~2009년 글로벌 금융 위기

2008~2009년 글로벌 금융 위기 동안 미국의 실업률은 10.6퍼센트였습니다. 실리콘밸리 대기업들은 대규모 해고를 단행했지만, 엔비디아는 전체 직원의 2.6퍼센트였던 150명을 해고하고 고위급 임원들의 임금을 삭감하는 방식으로 대응했습니다.

---

* 2024년 조사에서는 1위 힐튼 호텔, 2위 시스코, 3위 엔비디아, 4위 아메리칸 익스프레스 등 순위로 나타났습니다.

이로써 일반 직원들의 신뢰를 얻었습니다.

◆ 2020~2021년 코로나19 팬데믹

2020년 1월부터 세계를 덮친 코로나19 팬데믹으로 글로벌 경제가 2년간 침체로 접어들었습니다. 하지만 그해 4월 21일 젠슨 황은 ①해고 없음, ②임금 삭감 없음, ③임금 인상 가능, ④추가 의료비 등 지원이라는 과감한 조치를 선언했습니다. 직원들의 신뢰는 더욱 강해졌습니다.

3. 유지율과 이직률

각 기업이 발표한 2020년 이직률(Turnover 또는 Attrition rate) 가운데, 95퍼센트는 자발적 퇴사, 5퍼센트는 회사 해고입니다. 일반적으로 반도체 회사의 이직률은 약 10퍼센트입니다.

엔비디아의 이직률은 6.7퍼센트, 인텔은 4퍼센트, AMD 7퍼센트입니다. 참고로 TSMC는 5.3퍼센트입니다.

◆ 인텔 4퍼센트

인텔의 직원 이직률은 4퍼센트로 매우 낮습니다. IBM과 동일한 수준입니다. 오래된 기업인 만큼 직원들의 근속 연수가 길기 때문일 수 있습니다. 특히 가정을 이루고 집을 구입한 직원들은 이직이나 이사 등 변화에 소극적인 경우가 많습니다.

7-8

친구에게도 입사를
추천하고 싶은 회사를 만든다

고객이 어떤 상점의 상품과 서비스에 대단히 만족했다고 합시다. 그 만족감을 표현하는 행동 가운데 가장 수위가 높은 것은 다른 데 가서 그 상점에 대한 좋은 소문을 내는 것입니다. '입소문 효과'입니다. 마찬가지로 직원이 회사에 가장 높은 만족감을 보이는 행동은, 친구와 지인들에게 자기가 다니는 회사를 추천하는 것입니다. "우리 회사에서 일하면 좋은 점이 많다"는 이야기도 할 것입니다. 구인 사이트의 현직원 평가에서 이런 요소는 '직원 순 추천 점수'로 표현됩니다.

1. 순추천 점수

미국 매사추세츠 보스턴의 컨설팅 기업 베인앤컴퍼니는 2003년 고객 '순추천 점수'(Net promoter score, NPS) 방식을 도입했습니다. 소비자 평가를 0~10점으로 나누어 9~10점은 추천자(Promoters), 7~8점은 중립자(Passives), 6점 이하는 비판자(Detractors)로 분류합니다.

순추천 점수의 상한은 100점(모든 사람이 추천), 하한은 -100점(모든 사람이 비판)입니다.

2. 직원 순추천 점수

베인앤컴퍼니는 2003년 고객 순추천 점수 측정 방식을 도입하면서 직원 순추천 점수라는 지표도 함께 도입했습니다.

질문은 이렇습니다. "만약 친구에게 당신 회사에 입사하기를 추천하고 싶다면, 0~10점으로 평가할 때 얼마나 열정적으로 추천하시겠습니까?"

2023년 6월 현재 엔비디아 현직원들의 기업 평가 점수를 보면 추천자 69퍼센트, 중립자 17퍼센트, 비판자 14퍼센트 등의 비율로 나타납니다. 추천자 비율에서 비판자 비율을 빼면 55가 나오는데, 이것이 바로 직원 순추천 점수입니다.

절대 점수는 의미가 없고, 같은 규모(여기서는 1만 명 이상 및 5000~1만 명 미만의 2개 구간)의 기업들 가운데 상위 몇 퍼센트에 해당하는지가 중요합니다.

3. 엔비디아, 인텔, AMD 비교

프로세서 3강의 ENPS 순위는 엔비디아, AMD, 인텔 순으로 나왔습니다. 엔비디아는 상위 10퍼센트로 A, AMD는 상위 20퍼센트로 B, 인텔은 상위 50퍼센트로 C에 해당합니다.

추세 그래프를 보면 점수가 높은 기업이든 낮은 기업이든 수치가 상당히 안정적입니다. 회사의 문화, 분위기 등은 한두 가지 제도를 바꾸는 정도로 확 바뀌지는 않는다는 것을 알 수 있습니다. 그렇기 때문에 CEO의 비전과 지향점이 더욱 중요합니다.

구직이나 이직을 하게 될 경우 해당 기업의 ENPS 및 현직원 설문 조사 결과 등을 꼭 참고하시기 바랍니다.

프로세서 3강의 ENPS 비교

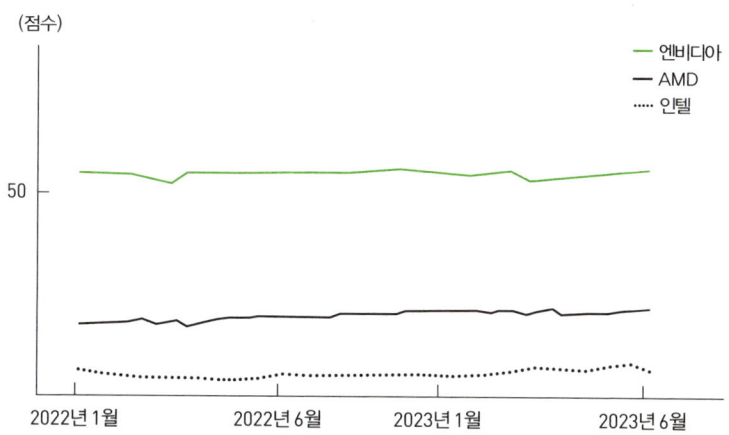

당신의 야망을
실현하라

    지금까지 긴 여정을 함께해 주셔서 감사합니다. 이 책이 여러분의 인생, 사업, 학업에 조금이라도 참고가 되길 바랍니다. 구직, 이직, 창업 등을 할 때 지금까지 보신 내용으로 기업 분석의 틀을 잡으시길 희망합니다.

    마지막으로 한 가지만 말씀드리겠습니다. 누구나 젠슨 황의 학력에 도달할 수 있고, 그의 창업 또한 초월할 수 있습니다. 여러분의 앞날을 스스로 밝히시기 바랍니다.

우중셴, 2023년 9월 8일
대만 신베이시 신뎬구 타이베이샤오청에서

부록

타이베이 컴퓨터 박람회 2024 기조연설

• 김외현 편역 •

    2024년 6월 4~7일 열린 타이베이 컴퓨터 박람회(COMPUTEX)를 앞둔 6월 2일 젠슨 황은 대만대학교 스포츠센터에서 기조연설을 했습니다. 이 연설에서 그는 새로운 AI 프로세서 등 엔비디아의 신제품을 공개하고, AI를 활용한 혁신 기술을 발표하는 한편, 대만에 대한 한없는 애정을 표현했습니다. 청중은 그에게 뜨거운 박수로 화답했고, 대만 언론은 "인공지능 대부가 고국을 찾았다"며 흥분했습니다. 이 연설은 원서에는 없는 내용이지만 젠슨 황이 어떤 꿈을 꾸고 또 이뤄가는지 그의 목소리로 직접 들어보시면 좋을 것 같아 준비했습니다. 아래는 연설 내용입니다.

※※※

엔비디아 창립자 겸 CEO, 젠슨 황입니다. 스포츠센터를 사용할 수 있게 해주신 대만대학에 감사드립니다. 지난번 이곳에 왔을 땐 명예학위를 받았습니다. 그리고 '걷지 말고 뛰어라'라는 연설을 했었죠. 저는 걸을 수 없고 뛰어야만 합니다. 우리는 다룰 것이 많습니다.

대만에 오게 되어 매우 기쁩니다. 대만은 우리의 소중한 파트너들의 고향입니다. 사실 이곳은 엔비디아가 하는 모든 일이 시작되는 곳이기도 합니다.

생성형 AI란 무엇인가요? 우리 업계와 모든 산업에 미치는 영향은 무엇인가요? 우리는 이 놀라운 기회를 어떻게 활용할 것이며, 다음 단계의 청사진은 무엇일까요? 지금은 정말 흥미로운 시기입니다.

컴퓨터 산업이 재시작합니다. 여러분이 만들어 온 산업이 이제 다음 큰 여정을 준비합니다. 컴퓨팅의 두 가지 근본적인 힘, 곧 가속 컴퓨팅과 인공지능은 컴퓨터 산업을 재편할 것입니다.

컴퓨터 산업은 이제 약 60년이 되었습니다. 많은 면에서 오늘날 우리가 사용하는 모든 것은 제가 태어난 이듬해인 1964년에 발명되었습니다. IBM은 중앙처리장치를 도입했고, 운영체제를 통한 하드웨어와 소프트웨어의 분리, 멀티태스킹, 이전 버전과의 호환성 등 오늘날 우리가 컴퓨팅에 대해 아는 모든 것들은 대부분 1964년에 설명되었습니다.

그리고 2007년에 아이폰이 모바일 컴퓨팅을 도입하여 컴퓨터를 주머니 속에 넣었습니다. 모바일 클라우드를 통해 모든 것이 연결되고 항상 실행되면서 우리는 여러 가지를 보았습니다.

◆ 컴퓨터 산업이 새로 시작한다

사실 모든 것이 바뀌는 컴퓨팅의 지각 변동은 그리 자주 있는 일이 아닙니다. 두세 차례 있었고, 곧 다시 그런 일이 일어날 것입니다. 두 가지 근본적인 변화가 시작되었습니다.

첫 번째는 컴퓨터 산업을 움직이는 엔진인 중앙처리장치(CPU)의 성능 확장이 엄청나게 느려졌다는 점입니다. 처리해야 하는 데이터의 양은 기하급수적으로 늘어나지만, 성능은 그렇지 않습니다.

우리는 컴퓨팅 인플레이션을 경험하게 될 것입니다. 실제로 지금 이 순간에도 이러한 현상을 목격합니다. 전 세계에서 사용되는 데이터 센터 전력의 양은 상당히 크게 증가했습니다. 컴퓨팅 비용도 증가합니다. 물론 이것은 계속될 수 없습니다.

더 좋은 방법이 있습니다. 지난 20년 동안 저희는 가속 컴퓨팅을 위해 노력해 왔습니다. CUDA는 전문 프로세서가 훨씬 더 효율을 내도록 보강하고 가속화합니다. CPU 확장이 느려지고 실질적으로 멈춘 지금, 모든 것을 가속화해야 한다는 것은 매우 분명해졌습니다. 저는 모든 애플리케이션이 가속화될 것이며, 가까운 미래에 모든 데이터 센터가 가속화될 것이라고 예측합니다. 이제 가속 컴퓨터는 매우 합리적이고 매우 상식적입니다.

컴퓨터 그래픽과 이미지 처리, 물리 시뮬레이션, 그래프 처리, 데이터베이스 처리, 그리고 물론 딥 러닝의 매우 유명한 선형대수학 등은 모두 완전히 병렬로 작동할 수 있습니다. 그래서 우리는 시간이 많이 걸리는 작업을 엄청나게 빠른 속도로 처리할 수 있는 가속 아키텍처를 개발했습니다.* CPU에 GPU를 더해서 두 개의 프로세서가 나란히 자율적이면서도 독립적으로 작동하기 때문에, 100단위 시간이 걸리던 작업을 1단위 시간으로 단축할 수 있습니다. 속도 향상은 놀랍습니다.

다른 예를 보여드리겠습니다. 1000달러짜리 PC에 500달러짜리 GPU인 지포스 GPU를 추가하면 성능이 엄청나게 향상됩니다. 10억 달러 규모의 데이터 센터에 5억 달러 상당의 GPU를 추

---

* 가속 컴퓨터는 CPU와 다른 유형의 프로세스들을 고루 혼합하기 때문에 이종 컴퓨팅(Heterogeneous computing)이라 불리기도 합니다. 특히 GPU는 가장 널리 사용되는 액셀러레이터(Accelerator)이며, 데이터 처리 장치(DPU)도 관심을 끕니다. 이들은 각자의 역할을 하면서 동시에 호스트 CPU와도 어우러져 하나의 시스템을 구성합니다.

가하면 갑자기 AI 공장이 됩니다. 오늘날 전 세계 곳곳에서 이런 일이 일어납니다. 비용 절감 효과는 실로 엄청납니다. 달러당 성능이 60배씩 늘어납니다. 속도를 100배 향상시키는 데 전력은 3배, 비용은 1.5배만 더 들이면 됩니다.

많은 기업이 클라우드에서 데이터를 처리하는 데 수억 달러를 지출합니다. 만약 속도가 빨라진다면 수억 달러를 절약할 수 있습니다. 그동안 우리는 범용 컴퓨팅 분야에서 오랫동안 인플레이션을 경험해 왔기 때문입니다. 마침내 상황이 이 지경에 이르렀으니 이제 속도를 내기로 결심했습니다. 캡처된 채로 남은 엄청난 양의 폐기물이 이제 시스템에서 제거될 수 있습니다.

이것이 바로 "더 많이 살수록 더 많이 아낄 수 있다"고 말씀드리는 이유입니다. (웃음) 제가 보여드린 이 수학은 정확하지는 않지만 옳습니다. 이걸 CEO 수학이라고 합니다. (웃음)

가속 컴퓨터의 성과는 놀랍지만, 그걸 만드는 것은 엄청나게 어렵습니다. 실행하기만 하면 갑자기 100배 더 빠르게 실행되는 소프트웨어 같은 건 존재하지 않습니다. 논리적으로도 말이 안 됩니다. 그게 가능했다면 CPU를 바꿔서 실현했겠지만, 실상은 CPU에 작성된 알고리듬을 다시 만들어서 소프트웨어를 완전히 다시 작성해야 합니다.

지난 20년 동안 우리는 이 과정을 전 세계적으로 쉽게 만들었습니다. 딥 러닝 라이브러리 쿠디엔엔(cuDNN)은 유체 역학과 신경망 등 여러 애플리케이션에 사용할 수 있는 AI 물리학 라이브러리입니다. 아리엘은 통신 네트워크를 소프트웨어적으로 정의하고 가속화하는 CUDA 가속 5G 라디오 라이브러리입니다. 유니티는 전 세계의 네트워킹과 인터넷을 소프트웨어로 정의하고 모든 통신을 클라우드 같은 컴퓨팅 플랫폼으로 전환합니다. 쿨리소(cuLITHO)는 칩 제조에서 가장 계산 집약적인 부분인 마스크 제작을 처리하는 플랫폼입니다. TSMC는 cuLITHO를 생산에 적용하면서 엄청난 양의 에너지와 막대한 비용을 절약하려 합니다. 파라브릭스(Parabricks)는 유전자 시퀀싱 라이브러리입니다. 쿠오피티(cuOPT)는 여행하는 세일즈맨들을 위한 라이브러리입니다.

쿠퀀텀(cuQUANTUM)은 양자 컴퓨터용 에뮬레이션 시스템입니다. 양자 컴퓨터를 설계하려면 이를 위한 시뮬레이터가 필요합니다. 양자 컴퓨터를 어떻게 설계할까요? 양자 컴퓨터가 존재하지 않는다면 현존하는 세계에서 가장 빠른 컴퓨터를 사용하면 됩니다. 당연히 엔비디아 CUDA입니다. 그 위에 양자 컴퓨터를 시뮬레이션하는 에뮬레이터가 있습니다. 전 세계 수십만 명의 연구자들이 사용합니다.

쿠디에프(cuDF)는 데이터 처리를 위한 라이브러리입니다. 오늘날 클라우드가 맡는 역할의 대부분은 데이터 처리입니다. 스파크(SPARC), 판다스(Pandas), 폴라(Polar), 네트워크 엑스(NetworkX) 등 많은 사례가 있습니다. 이들 각각은 생태계가 가속 컴퓨터를 활용할 수 있도록 만들어졌습니다. 이러한 도메인별 라이브러리는 350개가 있고, 우리가 이렇게 많은 오픈 마켓을 확보할 수 있었던 원동력입니다. 지난주 구글은 클라우드에 cuDF를 탑재하고 판다스를 가속화했다고 발표했습니다. 판다스는 전 세계 천만 명의 데이터 과학자가 사용하고 있으며, 매달 1억 7000만 회 다운로드됩니다. 데이터 과학자들의 스프레드시트인 셈입니다. 속도 향상은 정말 놀랍습니다.

◆ CUDA의 선순환

CUDA는 사람들이 말하는 티핑포인트를 달성했습니다. 하지만 그보다 더 좋은 것은, 선순환을 달성했습니다.

이런 일은 거의 일어나지 않습니다. 컴퓨팅 아키텍처 가운데 CPU는 60년 동안 바뀌지 않고 존재해 왔습니다. 이 수준에서 가속 컴퓨팅 역시 오래전부터 존재해 왔습니다. 새로운 플랫폼을 만드는 것은 닭과 달걀의 문제처럼 어렵습니다. 플랫폼을 사용하는 개발자가 없다면 당연히 사용자도 없겠지만, 이용자 기반이 없으면 개발자는 관심이 없습니다. 개발자는 많은 사람들이 쓰는 소프트웨어를 작성하고 싶지만, 많은 사람들이 쓰게 하려면 많은 애플리케이션이 필요합니다. 이 닭이 먼저냐 달걀이 먼저냐의 문제는 해결되지 않은 채 20년이 걸렸습니다.

하지만 CUDA에서는 전 세계 500만 명의 개발자들이 의료, 금융 서비스는 물론 컴퓨터 산업, 자동차 산업에 이르기까지 모든 산업에 서비스를 제공합니다. 전 세계 거의 모든 주요 산업, 거의 모든 과학 분야에 걸쳐 수많은 고객, OEM 및 클라우드 서비스 제공업체들이 시스템 구축에 관심을 가집니다. 그리고 더 많은 시스템이 우리에게 더 큰 기회를 창출하고 R&D 규모를 늘리면서 애플리케이션 속도를 더욱 높일 수 있습니다.

애플리케이션의 속도가 빨라질 때마다 컴퓨팅 비용이 낮아집니다. 컴퓨팅 비용을 엄청나게 줄이면, 컴퓨팅의 한계 비용이 너무 낮아지면서 새로운 컴퓨터 사용 방식이 등장하는 단계적 전환이 일어날 것입니다. 바로 지난 몇 년 동안 저희는 컴퓨팅의 한계 비용을 낮춰왔습니다. 어떤 알고리듬은 100만 배까지 낮췄습니다.

그 결과 이제 인터넷의 모든 데이터로 LLM(대규모 언어 모델)을 훈련하는 것은 매우 상식적인 일이 되었습니다. 많은 데이터를 처리할 수 있는 컴퓨터를 만들어 스스로 소프트웨어를 작성할 수 있다는 생각, 컴퓨팅을 점점 더 저렴하고 저렴하게 만들면 누군가는 훌륭한 용도를 찾을 것이라는 믿음이 있었기에 인공지능의 출현이 가능했습니다. 이렇듯 CUDA는 선순환을 달성했고, 컴퓨팅 비용을 낮췄고, 개발자들은 더 많은 아이디어를 내놓게 됐고, 이는 더 많은 수요로 이어집니다. 우리는 매우 중요한 일의 시작 단계에 있습니다.

◆ 어스-2, 디지털 트윈

지금부터 '현대판 빅뱅'이라 할 수 있는 생성형 AI가 없었다면 불가능했을 것을 보여드리려 합니다.

[영상: 젠슨 황이 중국어로 이야기한다]

우리가 미래를 예상할 수 있는 세계에 산다고 생각해 봅시다. 디지털 트윈은 실제 세계를 미러링한 가상 모델입니다. 이를 통해 우리는 오늘의 행위가 미래에 미칠 각종 영향을 더 잘 이해할 수 있습니다.

엔비디아 어스-2(Earth-2)를 소개합니다. AI와 물리적 시뮬레이션, 컴퓨터 그래픽 등을 통해 전 세계 기후를 예측하는 지구의 디지털 트윈입니다. 코디프(Cordiff)는 엔비디아의 생성형 AI 모델로, WRF 수치 시뮬레이션 훈련을 통해 예측 단위를 25킬로미터에서 2킬로미터까지 좁히면서 정확도를 12배 향상시켰습니다. 특정 지역의 기후 예측과 관련해서는 큰 진전이라 할 수 있습니다.

더욱 놀라운 것은 코디프 AI는 전통적인 물리적 시뮬레이션 방식보다 1000배 빠르고 에너지 효율은 3000배가 높다는 점입니다. 대만 중앙기상국은 이 모델을 이용해 훨씬 더 정확하게 태풍의 상륙 지점을 예측할 수 있습니다. 거기서 끝이 아닙니다. 다음 단계는 수십 미터 단위로 예측 범위를 좁히고, 지역 내 건축물들의 영향 관계까지 파악하는 하이퍼로컬 예측입니다.

코디프 AI는 팜(PALM) 같은 모델이 생성한 고해상도 데이터를 사용해 훈련합니다. 이 모델은 대기와 해양 경계에 대한 초고해상도의 물리적 시뮬레이션이며, 기후 시뮬레이션 및 바람에 대한 데이터를 합쳐 건축물 주변의 기류를 파악해 냅니다. 그러면 도심에 강풍이 불어왔을 때 다운워시(아래 방향으로 공기 흐름이 발생하는 것) 등을 예측할 수 있습니다. 다운워시가 길거리로 내리꽂히면 기물 파손 및 인명 피해가 생길 수 있습니다.

엔비디아 어스-2는 디지털 트윈의 훌륭한 예시입니다. AI와 물리적 시뮬레이션, 관측 데이터 등을 모두 융합시켜 국가와 기업이 미래를 예측하는 데 도움을 주고 극단적인 날씨의 영향에 대응할 수 있게 해주기 때문입니다.

[영상 끝]

(중국어로) 제 중국어 실력이 괜찮았나요? (청중 박수)

사실 저건 젠슨 AI였습니다. 제가 썼지만, 제가 한 게 아니예요.

언젠가 가까운 미래에 우리는 모든 곳에서 지속적으로 날씨를 예측할 것입니다. 제곱킬로미터 단위로 기후가 어떻게 될지 항상 알 수 있게 됩니다. 우리가 AI를 훈련시켰기 때문입니다. AI는 에너지를 거의 필요로 하지 않습니다.

2012년에 매우 중요한 일이 일어났습니다. 비용을 낮추고 지속적으로 성능을 개선하려는 우리의 헌신 덕분에, 2012년 AI 연구자들이 CUDA를 발견했습니다. 이것이 바로 엔비디아가 AI와 처음 접촉한 순간이었습니다. 매우 중요한 날이었습니다. 우리는 과학자들과 협력하여 딥 러닝을 실현할 수 있는 지혜를 모았고, 알렉스넷이 이를 실현했습니다.

하지만 한 걸음 물러서 봅시다. 딥 러닝의 기반은 무엇인가요? 장기적으로 어떤 영향을 미칠까요? 그 잠재력은 무엇인가요? 우리는 이 기술이 수십 년 전에 발명되고 발견된 알고리듬을 확장할 수 있는 큰 잠재력을 가졌음을 깨달았습니다. 갑자기 더 많아진 데이터, 더 큰 네트워크, 더 많은 컴퓨팅을 통해, 딥 러닝은 인간 알고리듬이 할 수 없었던 일을 갑자기 해낼 수 있게 됐습니다.

우리는 모든 것을 재창조하는 데 전념했습니다. 2012년 이후에는 텐서 코어를 추가하기 위해 GPU의 아키텍처를 변경했습니다. NV링크(NVLink)를 개발했습니다. 10년 전의 일입니다. cuDNN, 텐서알티(TensorRT), 엔씨씨엘(NCCL)이 이어졌고, 멜라녹스, TensorRT-LLM, 트리톤 추론 서버를 구입했습니다. 이 모든 것들이 새로운 컴퓨터에서 하나로 합쳐졌습니다. 아무도 이해하지 못했고, 아무도 요구하지 않았습니다. 사실 저는 아무도 이 컴퓨터를 사고 싶어 하지 않을 거라고 확신했습니다.

◆ 챗GPT가 바꾼 세계

이걸 GTC에서 발표했는데, 샌프란시스코의 작은 회사였던 오픈AI가 이를 보고 저에게 납품해 달라고 요청했습니다. 2016년 저는 세계 최초의 AI 슈퍼컴퓨터인 디지엑스(DGX)를 오픈AI에 납품했습니다. 2017년에는 더 큰 규모의 슈퍼컴퓨터로 확장하면서, 엄청난 양의 데이터를 훈련하고 오랜 시간에 걸친 순차적 패턴을 인식하고 학습할 수 있는 트랜스포머를 만들었습니다. 이를 통해 대규모 언어 모델을 훈련시키고 자연어 이해의 획기적인 발전을 이룰 수 있게 되었습니다.

2022년 11월에는 수천, 수만 개의 엔비디아 GPU와 초대형 AI 슈퍼컴퓨터로 오픈AI는 챗GPT를 발표했습니다. 5일 만에 100만 명, 2개월 만에 1억 명의 사용자가 모여든, 역사상 가장 빠르게 성장한 애플리케이션이 됐습니다. 이유는 매우 간단합니다.

마법 같을 만큼 사용하기 매우 쉬웠기 때문입니다. 원하는 것을 명확하게 말하지 않아도 컴퓨터가 사람처럼 상호작용할 수 있었기 때문입니다.

바로 이것이 근본적으로 다른 점입니다. 챗GPT가 세상에 나오기 전까지 AI는 인식, 자연어 이해, 컴퓨터 비전, 음성 인식에 관한 것이 전부였습니다. 인식과 감지에 관한 것이 전부였습니다. 그러나 생성형 AI는 한 번에 한 개씩 토큰을 생성했습니다. 그 토큰은 단어도 있지만 이미지, 차트, 표, 노래, 단어, 음성, 비디오 등 의미를 알아낼 수 있는 모든 것이 될 수 있습니다. 화학 물질 토큰, 단백질 토큰, 유전자 토큰도 있고, 앞서 어스-2에서 보았던 날씨 토큰도 있습니다.

우리가 물리학을 배울 수 있다면, AI 모델에게도 물리학을 가르칠 수 있습니다. 그러면 AI 모델은 물리학을 학습하고 물리 모델을 '생성'할 수 있게 됩니다. 자동차의 스티어링 휠 제어를 생성할 수 있습니다. 로봇 팔 관절도 생성할 수 있습니다. 우리가 학습할 수 있는 모든 것은 이제 생성할 수 있게 된 것입니다.

우리는 AI 시대가 아니라 생성형 AI 시대에 이르렀습니다. 슈퍼컴퓨터가 데이터 센터로 진화하면서 토큰을 생산하게 됐습니다. 바로 AI 공장이 된 것입니다. AI 공장이 생성해 내는 토큰은 엄청난 가치를 지닌 새로운 상품입니다.

1890년대 후반 니콜라 테슬라는 교류 발전기(A/C generator)를 발명했고, 우리는 AI 발전기를 발명했습니다. 교류 발전기는 전자를 생성합니다. 엔비디아의 AI 제너레이터는 토큰을 생성합니다. 이 둘 모두 막대한 시장 기회를 가졌으며, 거의 모든 산업에서 대체재가 될 수 있습니다. 새로운 산업 혁명이라고 말할 수 있는 이유입니다.

3조 달러 규모의 IT 산업이 그동안 해왔던 정보 저장이나 데이터 처리만이 아니라, 100조 달러 규모의 모든 산업에 지능을 생성해 주는 공장이 되려고 합니다. 컴퓨터 제조 산업이 아니라, 제조에 컴퓨터를 사용하는 산업이 될 것입니다. 전례 없는 일입니다. 가속 컴퓨팅에서 시작해서 AI로, 다시 생성형 AI로 이어졌고, 이제는 산업 혁명으로 가고 있습니다.

우리 산업에 미치는 영향도 상당히 큽니다. 많은 산업에서 토큰이라는 새로운 상품을 만들 수 있습니다. 과거의 컴퓨팅 모델은 검색 기반이었고, 검색을 하면 기존의 텍스트, 기존의 이미지, 동영상 등을 모두 가져와서 당신의 습관에 따라 추천해서 나열해 주는 방식이었습니다. 하지만 앞으로 컴퓨터는 필요한 기존 정보만 가져와서 최대한 많은 정보를 생성해 줄 것입니다. 에너지를 더 적게 소모하면서, 맥락은 더 잘 이해할 것입니다. 어떤 정보를 가져오라고 지시하는 대신, 답을 물어보는 방식으로 컴퓨터를 쓸 것입니다. 컴퓨터는 우리가 쓰는 도구가 아니라 기술을 생성하고 실제 업무를 하는 주체가 될 것입니다.

◈ NIM이 만드는 차세대 컴퓨팅

1990년대 초 마이크로소프트가 소프트웨어를 생산하는 게 아니라 소프트웨어를 패키지화하면서 PC 산업에 혁명을 일으켰던 것을 기억하시나요? 패키지 소프트웨어가 없었다면, PC를 사용할 수 있었을까요? 바로 이 아이디어가 컴퓨터 산업을 이끌었습니다.

이제 우리가 갖게 된 새로운 공장, 새로운 컴퓨터에서 실행될 새로운 유형의 소프트웨어를 소개합니다. 바로 엔아이엠(NIM, 엔비디아 추론 마이크로서비스)입니다. NIM은 이 공장 내부에서 실행되며 사전 학습된 인공지능 모델입니다. 이 AI는 그 자체로도 상당히 복잡합니다.

공장의 처리량 측정은 중요합니다. 수익 및 재무 성과와 직결되기 때문입니다. 지금도 우리는 데이터 센터 처리량이 매우 중요한 시대에 삽니다. 이를 위해 시작 시간, 가동 시간, 가동률, 처리량, 유휴 시간 등 모든 매개변수를 측정합니다.

그래서 저희는 엄청난 양의 소프트웨어를 한 컨테이너에 담아 이 AI를 만들었습니다. 이 안에는 추론 서비스를 위한 CUDA, cuDNN, TensorRT, 트리톤(Triton)이 들어 있습니다. 이 컨테이너는 쿠버네티스(Kubernetes) 환경에서 자동 확장할 수 있습니다. 모니터링을 위한 관리 서비스와 후크가 있고, 표준 API가 있습니다. 많은 컴퓨터에 이미 CUDA가 설치돼 있는데, 여기에 NIM을 다운로드하기만 하면 챗GPT처럼 대화하면서 모든 종류의 LLM과 사전 학습된 모델을 이용해 생성된 결과를 얻을 수 있습니다. 언어 기반, 시각 기반, 이미징 기반 등 다양한 버전이 있으며 의료, 디지털 생물학에 사용 가능한 버전도 있습니다. 엔비디아 홈페이지에서 무료로 받을 수 있습니다.

다가오는 미래에 가장 중요한 애플리케이션 중 하나는 고객 상담입니다. 고객 상담원은 거의 모든 산업 분야에 필요합니다. 전 세계적으로 수조 달러 규모의 고객 상담 서비스가 이루어집니다. 간호사를 예로 들면, 처방이나 진단을 하지 않더라도 간편식품 서비스, 금융 서비스, 보험 소매업 등을 다루는 고객 상담원과 비슷합니다. 이와 관련한 상담 내용 수천만 건이 AI 언어 모델로 학습되어서, NIM에게 임무를 부여합니다. 어떤 NIM은 정보를 검색하는 임무를 맡을 수 있고, 일부는 cuOPT와 같은 툴을 사용할 수도 있고, 에스큐엘(SQL) 쿼리를 수행해야 할 수도 있습니다. 이 모든 NIM은 이제 한 팀이 된 전문가들이 됩니다.

과거에는 명령어로 애플리케이션을 만들어야 했다면, 이제는

AI 팀을 구성하는 정도로 충분합니다. 프로그램을 개발하는 방법을 아는 사람은 거의 없습니다. 하지만 문제를 분석하고 팀을 구성하는 방법은 모두가 압니다. 미래에는 모든 회사가 대규모 NIM을 보유하게 될 것이고, 이들을 팀으로 연결하면 됩니다. 작업을 세분화하고 팀장 NIM을 지정해 팀원에게 전달합니다. 팀원 NIM 들은 각자의 업무를 수행한 후 팀장 NIM에게 보고할 것이고, 팀장 NIM은 이를 추론하여 다시 정보를 제시할 것입니다. 인간처럼 말입니다. 가까운 미래에 이런 일이 일어날 것입니다. 이것이 애플리케이션의 미래입니다. 우리는 텍스트 프롬프트와 음성 프롬프트를 통해 이러한 대규모의 AI 서비스와 상호작용할 수 있습니다.

◆ 디지털 휴먼, 엔비디아 에이스

이처럼 인간과 유사한 형태로 상호작용하는 애플리케이션이 많이 있고, 우리는 이를 디지털 휴먼이라고 부릅니다. 엔비디아는 오랫동안 디지털 휴먼 기술을 연구해 왔습니다. 디지털 휴먼은 여러분과 훌륭한 대화형 인터랙티브 에이전트가 될 잠재력이 있습니다. 디지털 휴먼이 훨씬 더 자연스러워 보이려면 '불쾌한 골짜기'*

---

* 'Uncanny Valley', 'Uncanny Chasm'은 인간이 로봇에 대해 느끼는 감정을 설명하는 용어입니다. 로봇이 인간과 닮을수록 인간의 로봇에 대한 호감도는 높아지지만, 어느 정도에 이르면 인간이 갑자기 강한 거부감을 보인다는 의미입니다.

를 넘어서야 하고, 이것이 우리의 비전입니다.

[영상: 젠슨 황이 영어로 소개한다]

디지털 휴먼은 생성형 AI와 컴퓨터 그래픽의 혁신을 통해 인간과 같은 방식으로 보고, 이해하고 상호작용합니다. 디지털 휴먼은 다국어 음성 인식 및 합성을 기반으로 구축된 AI 모델이며, 대화를 이해하고 생성하는 LLM이지만, 다른 생성 AI에 연결하여 실제 얼굴과 같은 3D 표현을 그려냅니다. 실제와 같은 외관을 재현하기 위해 빛이 피부를 투과하여 다양한 지점에서 산란하고 빠져나가는 방식을 시뮬레이션하여 피부에 부드럽고 투명한 외관을 부여합니다.

엔비디아 에이스(ACE)는 배포하기 쉽고 완전히 최적화된 NIM으로 패키징된 디지털 휴먼 기술 제품입니다. 개발자는 기존 프레임워크, 엔진 및 디지털 휴먼 경험에 에이스 NIM을 통합할 수 있습니다.

[영상 끝]

에이스는 클라우드에서 실행되지만 PC에서도 실행됩니다. 우리는 모든 RTX에 텐서 코어 GPU를 포함시켜 왔고, 이로써 한동안 AI GPU를 출시하는 지혜를 발휘해 왔습니다. 오늘을 위한 준비였습니다. 이유는 간단합니다. 새로운 컴퓨팅 플랫폼을 만들기 위해서는, 먼저 이용자 기반이 필요하기 때문입니다. 애플리케이션이 나타나야 하는데, 이용자 기반을 만들지 않으면 어떻게 가능할까요? 만들어도 오지 않을 수 있지만, 만들지 않으면 불가능합니다. RTX에 텐서 코어 GPU를 갖췄고, 현재 전 세계에 1억 대의 지포스 RTX AI PC가 존재하며, 2억 대가 출하를 앞두었습니다. 이번 컴퓨텍스에서는 AI가 실행되는 4종의 노트북을 선보이게 됐습니다.

미래의 PC는 AI가 될 것입니다. 백그라운드에서 끊임없이 사용자를 도울 것입니다. 여러분이 쓰는 모든 사진 편집, 글쓰기 도구도 마찬가지입니다. 여러분이 사용하는 모든 것들이 AI에 의해 향상될 것이며, 여러분의 PC는 디지털 휴먼과 함께 애플리케이션을 호스팅하게 될 것입니다. PC는 여러 방식으로 활용될 것이며, 매우 중요한 AI 플랫폼이 될 것입니다.

◆ 블랙웰, 물리 법칙을 이해하는 AI를 위하여

우리는 이제 어디로 가야 할까요? 앞서 데이터 센터의 확장에 대해 말씀드렸는데, 확장할 때마다 새로운 단계의 변화를 발견했습니다. DGX에서 대형 AI 슈퍼컴퓨터로 확장할 때, 트랜스포머가 엄청나게 큰 데이터 세트를 학습할 수 있도록 지원했습니다다. 처음에는 AI를 학습시키기 위해 사람이 라벨링을 했습니다. 하지만 안타깝게도 사람의 라벨링에는 한계가 있었습니다. 결국 트랜스포머는 사람이 필요 없는 학습을 하게 됐습니다. 방대한 양의 데이터를 읽고 동영상과 이미지를 학습해서 패턴과 관계를 스스로 찾아냅니다.

차세대 AI는 물리 기반이어야 합니다. 오늘날 대부분의 AI는 물리 법칙을 이해하지 못합니다. 물리적 세계에 기반을 두지 않았기 때문입니다. 이미지와 동영상, 3D 그래픽과 다양한 물리 현상을 생성하기 위해서는 AI가 물리 법칙을 이해해야 합니다. 이를 위해 동영상을 통한 학습이 방법이 될 수 있고, 합성 데이터 시뮬레이션도 가능합니다. 또 다른 방법은 컴퓨터가 서로 학습하는 것입니다. 알파고가 스스로 플레이하도록 했던 것과 다르지 않습니다. 매우 오랜 시간 동안 서로를 플레이하다 보면 더 똑똑해집니다.

앞으로 이런 유형의 AI가 등장할 것입니다. AI 데이터가 합성적으로 생성되고 강화 학습을 사용하면 데이터 생성 속도가 계속 발전하는 것은 당연한 일입니다. 또 데이터 생성량이 증가하면 우리가 제공하는 연산량도 함께 늘어나야 합니다. 따라서 AI가 물리 법칙을 기반으로 하는 단계에선 더 큰 GPU가 필요할 것으로 예상됩니다.

블랙웰은 이런 세대를 위해 설계되었습니다. 블랙웰에는 몇 가지 매우 중요한 기술이 탑재되었습니다. 하나는 칩의 크기입니다. 우리는 TSMC에서 만들 수 있는 가장 큰 칩 두 개를 가져왔습니다. 그리고 초당 10테라바이트의 서데스(SerDes)* 로 연결하여 이 두 개를 서로 연결했습니다. 그런 다음 그레이스 CPU와 연결된 컴퓨터 노드에 배치합니다. 그레이스 CPU는 여러 용도로 사용할 수 있습니다. 추론 및 생성의 경우에는 AI가 사용자가 원하는 대화의 맥락을 이해할 수 있도록 AI가 맥락 메모리를 저장하게 할 수 있습니다.

이것이 바로 2세대 트랜스포머 엔진이며, 트랜스포머는 컴퓨팅 수요에 따라 정밀도와 범위를 조정할 수 있습니다. 또한 보안 AI를 갖춘 2세대 GPU로, 서비스 제공사에 당신의 AI를 도난이나 변조로부터 보호해 달라고 요청할 수 있습니다. 또한 5세대 NV 링크로써 여러 개의 GPU를 함께 연결할 수 있습니다. 신뢰성과 가용성 엔진을 갖춘 1세대 제품으로, RAS 시스템을 통해 모든 트랜지스터 플립플롭 메모리 온칩, 메모리 오프칩을 테스트해 현장에서 특정 칩의 고장 여부를 확인할 수 있습니다. 끝으로, 데이터 압축 및 해제 엔진을 추가하여 현재보다 20배 더 빠르게 스토리

---

* 직렬/병렬 변환기(Serializer/Deserializer)는 고속 데이터 전송을 위해 사용하는 데이터 변환 수행 장치입니다.

지에서 데이터를 가져올 수 있게 되었습니다.

지난 8년 동안 AI 컴퓨터의 성능은 1000배 증가했습니다. 무어의 법칙을 한참 초과한 것입니다. 연산량이 많아질 때마다 비용은 줄어듭니다. GPT-4에 2조 개의 매개변수와 8조 개의 토큰을 훈련시키는 데 사용된 에너지는 350배 줄었습니다. 파스칼*로 했다면 1000기가와트시(GWh)가 걸렸을 겁니다.** 1000GWh는 기가와트급 데이터 센터가 필요하다는 뜻입니다. 전 세계에 기가와트 데이터 센터는 없지만, 있었다 해도 한 달이 걸렸을 것입니다. 100와트, 100메가와트 데이터 센터가 있다면 약 1년이 걸릴 것입니다. 그래서 아무도 만들지 않았던 것입니다. 바로 대형 언어 모델 챗GPT가 8년 전만 해도 불가능했던 이유입니다.

우리는 성능을 높이고 에너지 효율을 높였습니다. 블랙웰은 1000GWh였던 것을 3GWh로 만들어냈습니다. 3GWh라면, 위의 작업은 1만 개의 GPU로 열흘 정도 걸릴 것입니다. 우리의 토큰 생성 성능 덕분에 에너지를 4만 5000배 줄일 수 있었습니다.

---

*   파스칼은 엔비디아가 개발해 2016년 출시한 GPU 마이크로아키텍처의 코드명입니다.

** 와트시(Wh)는 1시간 동안 생산 또는 소비된 전력의 양입니다. 1W의 일률로 1시간 동안 일하면 1Wh입니다. 1GWh는 10억 Wh이며, 약 10만 가구(4인 기준) 이상이 하루 동안 사용할 수 있는 전력량입니다.

파스칼 기준으로 토큰 하나를 생성하는 데 필요한 에너지는 1만 7000천 줄(J)입니다. 200와트(W) 전구 두 개가 이틀 동안 작동하는 정도의 에너지입니다. 단어 하나를 생성하는 데는 약 3개의 토큰이 필요하기 때문에, 파스칼이 GPT-4를 생성하거나 여러분이 챗GPT를 경험할 수 있도록 하는 에너지 사용량은 사실상 불가능한 수준이었습니다. 하지만 지금은 토큰 하나에 0.4줄 수준으로, 아주 적은 에너지를 가지고 놀라운 속도로 토큰을 생성할 수 있습니다. 블랙웰은 엄청난 도약입니다.

이것도 충분히 크지 않습니다. 그래서 우리는 더 큰 기계를 만듭니다. 우리가 만든 것은 공랭식으로 8개의 블랙웰 GPU를 갖춘 DGX 블랙웰이 있고, 수냉식으로 72의 블랙웰 GPU가 NV링크로 연결된 MGX 블랙웰이 있습니다. MGX는 이전 세대(호퍼)에선 8개였지만 이번엔 72개입니다. 대역폭이 9배로 늘어났고, AI 플롭은 18배로 증가했습니다. 하지만 전력량은 10배에 불과합니다.

기적이 일어난 것은 바로 NV링크 칩입니다. 수십조 개의 파라미터로 이뤄진 대형 언어 모델은 하나의 GPU로 처리할 수 없기 때문입니다. 대형 NV링크 스위치와 500억 개의 트랜지스터, 각각 400기가비트의 74개 포트, 초당 7.2테라바이트의 4링크 단면 대역폭이라는 기술적 요구를 해결해야 합니다. 그것을 구현한 것이 DGX GPU입니다. DGX GPU의 뒷면에는 NV링크 스파인입니다. NV링크 스파인은 총 길이 2마일에 이르는 5000개의 전선이 72개의 GPU를 서로 연결합니다. 구리로 NV링크 스파인을 구동하는 NV링크 스위치 덕분에 하나의 랙에서 20킬로와트를 절약할 수 있게 되었습니다.

◈ GPU에 최적화된 통신

이것으로도 충분치 않다고 할 수도 있습니다. 그래서 우리는 초고속 네트워킹으로 모든 것을 연결합니다. 네트워킹에는 두 가지 유형이 있습니다. 전 세계 슈퍼컴퓨팅 및 AI 공장에서 사용되는 인피니밴드(InifiniBand)와 일반적으로 쓰는 이더넷(Ethenet)입니다. 인피니밴드는 엄청나게 빠르게 성장 중이지만, 모든 데이터 센터가 이를 수용할 수 있는 것은 아닙니다. 이미 이더넷에 너무 오랫동안 에코시스템을 기대어 왔고, 인피니밴드의 스위치와 네트워크를 관리하려면 약간의 전문성과 전문 지식이 필요하기 때문입니다.

그래서 우리는 이더넷 아키텍처에 인피니밴드의 기능을 도입했습니다. 이더넷은 모든 노드, 모든 컴퓨터가 인터넷의 다른 사람과 연결되어 평균 처리량이 높도록 설계되었고, 대개의 통신은 데이터 센터 또는 인터넷 반대편에 있는 누군가와 이루어집니다.

하지만 딥 러닝과 AI 공장에서는 GPU가 인터넷에 있는 사람과 통신하는 것이 아닙니다. GPU는 GPU끼리 통신합니다. 그 통신의 내용은 여기저기서 부분을 수집하고 부피를 줄인 뒤 다시 배포하는 방식으로 이뤄집니다. 부분 수집과 축소와 재분배 과정에서 트래픽은 폭주합니다. 중요한 것은 부분 수집과 축소 및 재분배 과정의 평균 처리량이 아니라 마지막에 도착하는 과정입니다. 평균 처리량이 아니라 마지막에 답을 주는 사람이 중요한데, 이더넷에는 이에 대한 규정이 없습니다.

그래서 네트워크어댑터(NIC)와 스위치가 통신할 수 있도록 엔드투엔드 아키텍처를 만들었고, 이를 위해 네 가지 기술을 적용했습니다. 첫째, 엔비디아가 보유하고 있는 세계 최고의 RDMA*를 이더넷에서 구현할 수 있게 했습니다. 둘째는 혼잡 제어, 셋째는 순서대로 전송하고 수신하는 적응형 라우팅입니다. 넷째는 노이즈 차단입니다. 데이터 센터에는 항상 두 개 이상의 모델이 훈련 중이거나 무언가가 일어나서, 트래픽과 노이즈가 서로 섞일 수 있고 그렇게 되면 학습 속도가 느려집니다.

엔비디아 스펙트럼엑스(Spectrum-X)를 사용하는 이더넷은 기본적으로 네트워크가 기본적으로 무료일 정도로 성능을 크게 향상

---

* 원격 직접 메모리 액세스(RDMA)는 서버가 운영체제에서 고속으로 다른 서버의 메모리 데이터를 읽고 쓸 수 있도록 하는 메모리 액세스 기술입니다.

시킬 수 있습니다. 이는 정말 대단한 성과입니다. Spectrum-X800이 있고, 1년 뒤에는 다음 제품 Spectrum-X800 울트라, 그 다음에 Spectrum-X1600을 각각 출시할 계획입니다. X800 울트라는 수십만 개의 GPU를 위해 설계되었고, X1600은 수백만 개의 GPU를 위해 설계되었습니다.

◆ 블랙웰과 소프트웨어 관성

수백만 개의 GPU 데이터 센터 시대가 다가옵니다. 미래에는 인터넷이나 컴퓨터와의 거의 모든 상호작용에 클라우드 어딘가에서 생성형 AI가 실행될 것이고, 그 생성형 AI는 사용자와 함께 작업하고 상호작용하면서 동영상, 이미지 또는 텍스트를 생성하거나 디지털 휴먼을 만들어 낼 수 있습니다. 우리는 거의 항상 컴퓨터와 상호작용할 것이고, 항상 생성형 AI가 연결되어 있을 것입니다. 일부는 자체 보유 서버에 설치될 수 있고, 일부는 디바이스로 접할 수도 있지만, 대부분은 클라우드에 있을 것입니다. 이러한 생성형 AI는 단발성 답변 대신 다양한 추론 기능을 수행할 것입니다. 답변을 반복할 수도 있습니다. 앞으로 우리가 생성하게 될 데이터 양은 엄청날 것입니다.

블랙웰은 전 세계가 알듯이 생성형 AI 시대 초기에 출시된 1세대 엔비디아 플랫폼입니다. 새로운 산업 혁명의 시작과 함께 전 세계가 AI 공장의 중요성을 깨달은 것처럼, 거의 모든 컴퓨터 제조업체, 모든 CSP, 모든 GPU, 클라우드, 소버린 클라우드, 심지어 통신사와 전 세계 기업으로부터 많은 지원을 받고 있습니다.* 블랙웰에 대한 성공과 채택률, 열정은 정말 상상을 초월할 정도입니다.

엔비디아는 여기서 멈추지 않을 것입니다. 계속해서 성능을 향상시키고, 학습 비용과 추론 비용을 지속적으로 낮추며, 모든 기업이 수용할 수 있도록 AI 기능을 계속 확장해 나갈 것입니다.

우리는 블랙웰 플랫폼을 구축하고, 전체 플랫폼을 AI 팩토리 슈퍼컴퓨터에 통합한 다음 이를 전 세계에 제공합니다. 여러분이 필요에 따라 다양하게 구성하고 모든 종류의 다양한 스타일과 적합성, 다양한 데이터 센터, 다양한 장소의 다양한 고객을 만들 수 있기 때문입니다. 이렇듯 시스템을 개방하여 고객이 혁신할 수 있게 하면 모든 다양한 혁신이 가능합니다. 블랙웰 플랫폼은 통합형이지만 모듈식 시스템을 만들 수 있도록 분해하여 제공합니다.

우리 회사의 기본 철학은 매우 단순합니다. 전체 데이터 센터

---

* CSP(Cloud Service Provider)는 클라우드 서비스 제공 기업을 뜻하며, 소버린 클라우드(Soverign Cloud)는 특정 국가의 법률과 규제를 준수하면서 운영되는 클라우드 컴퓨팅 환경을 말합니다.

규모를 쪼개서 1년 주기로 판매하는 것입니다. 그러면서 동시에 기술의 한계에 도전합니다. TSMC의 공정 기술이 무엇이든 우리는 그것을 절대적인 한계까지 밀어붙일 것입니다. 패키징 기술이 무엇이든, 메모리 기술이 무엇이든 극한까지 밀어붙이고, 서데스 기술, 광학 기술 등 모든 것을 극한까지 밀어붙일 것입니다. 그런 다음에 모든 소프트웨어가 제대로 실행되도록 할 것입니다.

소프트웨어 관성은 컴퓨터에서 가장 중요한 요소입니다. 컴퓨터가 이전 버전과 호환되고 이미 만들어진 모든 소프트웨어와 아키텍처 면에서 호환되면, 시장 출시가 훨씬 빨라집니다. 소프트웨어의 전체 이용자 기반이 이미 형성되었기 때문에 그 속도는 놀라울 것입니다. 블랙웰은 내년에 블랙웰 울트라를 출시할 예정이며, H100과 H200이 그랬던 것처럼 블랙웰 울트라에서도 한계를 뛰어넘는 차세대 모델을 만날 수 있을 것입니다.

이 다음은 이 자리에서 처음 공개합니다. 우리 회사는 코드네임이 있고 이를 매우 비밀로 유지하려고 노력합니다. 대부분의 직원들도 모르는 경우가 많은데, 저희의 차세대 플랫폼은 루빈(Rubin)이라고 합니다. 루빈이 나올 것이고, 1년 뒤에는 루빈 울트라가 나올 것입니다. 모두 아키텍처적으로 기존 모델과 호환되며, 가장 풍부한 소프트웨어가 모두 얹혀 있습니다.

지난 12년은 이미지넷의 그때로부터 컴퓨팅의 미래가 급격하게 변화할 것이라는 것을 깨달은 기간이었고, 2012년 이전의 지포스와 오늘날의 엔비디아가 많은 면에서 똑같다고 할 수 있습니다. 우리 회사는 엄청나게 변화했으며, 그 모든 단계에서 우리를 지원해 준 모든 파트너에게 감사의 말씀을 전하고 싶습니다.

◈ 이미 우리 곁에 와 있는 로봇

AI의 다음 물결은 물리 AI입니다. 물리 법칙을 이해하고, 우리 사이에서 작동하는 AI입니다. 로봇은 우리를 이해하고, 우리가 요청한 것을 이해하고, 작업을 수행할 수 있는 뛰어난 인지 능력을 갖춰야 합니다. 미래에는 로봇이 더 널리 퍼질 것입니다.

보통 로봇 하면 휴머노이드 로봇을 떠올리지만, 모든 것이 로봇화될 것입니다. 모든 공장이 로봇이 되고, 공장이 로봇을 조율하고, 로봇이 로봇 제품을 만들 것입니다. 로봇과 로봇이 상호작용하고 로봇이 로봇 제품을 만드는 것이죠.

그러기 위해서는 몇 가지 돌파구가 필요합니다.

[영상]

언젠가는 움직이는 모든 것이 자율적으로 움직일 것입니다. 물리 AI는 지시를 이해하고 현실 세계에서 복잡한 작업을 자율적으로 수행할 수 있는 모델입니다.

멀티모달 LLM은 로봇이 주변 세계를 학습, 인지, 이해하고 어떻게 행동할지 계획할 수 있게 해주는 획기적인 기술입니다. 이제 로봇은 인간의 시연을 통해 대근육 및 소근육을 사용하여 세상과 상호작용하는 데 필요한 기술을 배울 수 있습니다.

LLM이 인간의 피드백을 통해 강화 학습*을 하는 것처럼, 생성형 물리 AI도 마찬가지입니다. 특정 기술을 학습하기 위해 물리 AI는 시뮬레이션 세계에서 물리 피드백을 통한 강화 학습으로 기술을 학습합니다. 이런 로봇 체육관에서 로봇은 복잡하고 역동적인 작업을 안전하고 빠르게 수행하는 방법을 배우고 수백만 번의 시행착오를 통해 기술을 개선할 수 있습니다.

엔비디아는 실제 AI를 만들 수 있는 운영 체제로 엔비디아 옴니버스를 구축했습니다. 옴니버스는 가상 세계 시뮬레이션을 위한 개발 플랫폼으로, 물리 시뮬레이션의 실시간 물리 기반 렌더링과 생성형 AI 기술을 결합합니다. 옴니버스에서의 학습은 시뮬레이션과 실제의 차이를 최소화하고 학습된 행동의 전달을 극대화합니다.

생성형 물리 AI로 로봇을 제작하려면 세 대의 컴퓨터가 필요합니다. 모델을 훈련시키는 엔비디아 AI 슈퍼컴퓨터, 모델을 실행

* 인간 피드백을 통한 강화학습(RLHF, reinforcement learning with human feedback)은 인간의 피드백을 사용하여 AI를 최적화시키면서 학습시키는 머신러닝 기술입니다.

하는 엔비디아 젯슨 오린 및 차세대 젯슨 토르 로보틱스 슈퍼컴퓨터, 그리고 로봇이 시뮬레이션 세계에서 기술을 학습하고 개선할 수 있는 엔비디아 옴니버스(NVIDIA Omniverse)입니다. 물리 AI로 구동되는 로보틱스는 산업에 혁명을 일으킬 것입니다.

[영상 끝]

이것은 미래가 아닙니다. 지금 일어나는 일입니다. 엔비디아는 여러 가지 방식으로 시장에 서비스를 제공할 예정입니다. 우선 각 로봇 시스템 유형에 맞는 플랫폼을 만들 것입니다. 공장과 창고용 로봇, 물건을 조작하는 로봇용, 움직이는 로봇용, 인간형 로봇용 등 각 로봇 플랫폼은 컴퓨터, 가속 라이브러리와 사전 학습된 모델 등 우리가 그동안 만들어 온 것들과 비슷합니다. 그리고 옴니버스에서 모든 것을 테스트하면서, 로봇은 로봇이 되는 법을 배웁니다.

예컨대 창고용 로봇의 생태계는 복잡할 수 있지만, 소프트웨어 산업에 연결된 SDK와 API가 있고, 제조업자개발생산(ODM)을 위한 시스템이 있습니다. 그리고 이를 통합해서 궁극적으로 고객을 위해 창고를 구축합니다. 자이언트(Giant Group)를 위해 로봇 창고를 구축한 켄맥의 사례가 있습니다.

공장의 생태계는 완전히 다릅니다. 이를테면 폭스콘은 세계에서 가장 선진적인 공장과 그 생태계와 공장 설계, 워크플로우, 로봇 프로그래밍을 위한 컴퓨터와 소프트웨어, 그리고 디지털 공장과 AI 공장을 조율하는 자동화제어장비(PLC) 등을 구축했습니다. 각각의 생태계에 연결되는 SDK도 있습니다. 대만 전역에서 이런 일이 일어납니다.

이를 위해 폭스콘은 공장의 디지털 트윈을 옴니버스에 구축했고, 델타와 페가트론, 위스트론도 로봇 공장의 디지털 트윈을 구축합니다. 폭스콘의 새 공장을 소개합니다.

[영상]

세계 최대 전자제품 제조업체인 폭스콘은 생성형 AI 전환을 위해 엔비디아 옴니버스 AI로 로봇 공장을 건설합니다.

공장 계획 단계에서, 옴니버스를 사용하여 지멘스(Siemens), 팀센터X, 오토데스크 레빗(Revit)과 같은 주요 산업 애플리케이션의 시설 및 장비 데이터를 통합합니다. 이들은 디지털 트윈에서 바닥 레이아웃과 라인 구성을 최적화합니다. 엔비디아 메트로폴리스 기반 비전 AI에서 향후 운영을 모니터링할 수 있도록 최적의 카메라 위치를 찾습니다. 이 같은 가상 통합을 통해 플래너는 물리적 변경 주문으로 인한 막대한 비용을 절감할 수 있습니다.

건설 과정에서 폭스콘은 정확한 장비 레이아웃을 전달하고 검증하기 위한 자료로 옴니버스 디지털 트윈을 사용합니다. 또한 폭스콘 개발자들이 로봇 인식 및 조작을 위한 엔비디아 아이작과 메트로폴리스 같은 AI 애플리케이션을 훈련하고 테스트하는 로봇 체육관이기도 합니다.

옴니버스를 통해 폭스콘은 엔비디아 아이작에서 실행되는 로봇을 오케스트레이션하며 엔비디아 AI 슈퍼컴퓨터를 구축하고, 이를 통해 폭스콘의 로봇을 훈련시켜 로봇 공장을 완성합니다.

[영상 끝]

로봇 공장의 컴퓨터는 세 가지입니다. 첫째, 엔비디아 AI로 AI를 훈련시킵니다. 둘째, 공장을 오케스트레이션하기 위해 자동화제어장비(PLC)에서 로봇을 실행합니다. 셋째, 옴니버스에서 모든 것을 시뮬레이션합니다.

우리는 컴퓨터에 가속 레이어와 사전 훈련된 모델을 제공합니다. 세계 최고의 산업 자동화 시스템 회사인 지멘스와 엔비디아 매니퓰레이터, 엔비디아 옴니버스를 연결했습니다. 이는 전 세계 공장에서 활용됩니다.

지멘스의 시매틱(SIMATIC Pick AI)은 아이작 매니퓰레이터를 통합했고, ABB, 쿠카, 야스카와, 파낙, 유니버설 로보틱스, 테크맨을 운영합니다.

[영상]

아크베스트는 자재 취급에서 물체 인식 및 사람 동작 추적을 강화합니다.

BYD 일렉트로닉스는 글로벌 고객의 제조 효율성을 향상시키기 위해 아이작 매니퓰레이터와 퍼셉터를 AI 로봇에 통합합니다.

아이디얼웍스는 공장 물류 분야의 AI 로봇을 위한 소프트웨어에 아이작 퍼셉터를 활용합니다.

알파벳의 자회사 인트린직은 로봇 파악을 개선하기 위해 플로우 스테이트 플랫폼에 아이작 매니퓰레이터를 채택했습니다.

기드온은 AI 기반 물류를 발전시키기 위해 아이작 퍼셉터를 트레이 AI 기반 지게차에 통합하는 중입니다.

아르고 로보틱스는 고급 비전 기반 AMR을 위해 아이작 퍼셉터를 퍼셉션 엔진에 도입했습니다.

솔로몬은 산업용 조종 기술을 위해 아이작 매니퓰레이터 모델을 사용합니다.

테크맨 로봇은 아이작 심과 매니퓰레이터를 자동 광학 검사를 가속화합니다.

테라다인 로보틱스는 아이작 매니퓰레이터를 통합 중입니다.

벤션은 아이작 매니퓰레이터를 AI 조작 로봇용 머신 로직에 통합 중입니다.

[영상 끝]

로봇과 물리 AI는 공상과학 소설이 아니며 대만 전역에서 사용됩니다. 모든 제품이 로봇으로 만들어집니다. 대량 생산되는 로봇 제품이 두 가지 있습니다.

하나는 자율주행 자동차 또는 자율주행 기능이 매우 뛰어난 자동차입니다. 내년에 엔비디아는 메르세데스 차량에 들어갑니다. 2026년에는 재규어랜드로버(JLR) 차량에 들어갑니다. 우리는 모든 운전용 기능을 개방했으니 어느 부품, 어느 레이어를 가져가도 좋습니다.

또 하나의 대량 생산 로봇 제품은 휴머노이드 로봇이 될 가능성이 높습니다. 최근 몇 년 동안 기초 모델 덕분에 인지 능력에서 큰 진전을 이루었습니다. 저는 이 분야에 정말 기대가 큽니다. 우리의 세상에 가장 적응하기 쉬운 로봇은 휴머노이드 로봇입니다. 왜냐하면 우리는 우리를 위해 세상을 만들었기 때문입니다. 로봇을 훈련시키는 데이터의 양적 측면에서도 다른 유형보다 방대할 것입니다. 이 분야에서 많은 진전이 있을 것이라 예상합니다.

인공지능의 다음 물결입니다. 대만은 키보드가 달린 컴퓨터를 만들고, 주머니에 넣는 컴퓨터도 만들고, 클라우드에 있는 데이터 센터용 컴퓨터도 만듭니다. 미래에는 걷는 컴퓨터와 굴러다니는 컴퓨터가 만들어질 것입니다. 이것들은 모두 컴퓨터일 뿐이고, 이 기술은 오늘날 우리가 이미 만들어 온 다른 모든 컴퓨터를 만드는 기술과 매우 유사합니다.

◆ 대만이여, 감사합니다

[영상: 젠슨 황이 중국어로 이야기한다]

기나긴 여행에서 수많은 동반자들이 우리를 지지해 주셨습니다. 가속 컴퓨터부터 컴퓨터 그래픽, 과학 연구에서 AI에 이르기까지, 모든 칩과 모든 컴퓨터가 여러분의 근면한 노동과 완벽을 추구하는 모습을 보여주었습니다. 대만은 무명의 영웅이지만, 세계의 기둥입니다. 우리는 함께 산업의 부흥을 이끌었고, 함께 열심히 노력했고, 첨단 컴퓨팅의 영역에 함께 발을 들일 수 있었습니다. 그중에서도 우리가 만든 컴퓨터는 공장의 모습을 새로이 바꾸었고, 그 무엇에도 비할 수 없는 보배 같은 AI를 만듭니다.

파트너 여러분, 여러분은 AI 산업 혁신의 든든한 후원자입니다. 많은 고난과 풍랑이 있었음에도 여러분은 흔들리지 않는 반석이 돼주셨습니다. 기술적 탁월성과 근면한 노력, 그리고 마음

다해 힘을 합치는 정신이 여러분의 초능력입니다. 여러분이 없었다면 우리의 비전은 실현할 수 없는 몽상에 지나지 않겠지만, 여러분과 함께하기에, 우리는 용감히 앞으로 나아갑니다.

스마트하고 편리한 삶을 만들어 가고, 질병과 자연재해에 대처하며, 우리 사는 세상을 더욱 아름답게 만들겠습니다. 대만이여, 감사합니다. 우리가 AI 혁신의 여행을 지속하고 성공적이고 번영하는 산업을 만들 수 있게 해주어서 감사합니다.

[영상 끝]

사랑합니다. 고맙습니다. 모두 와주셔서 감사합니다.

젠슨 황 레볼루션
행동하는 아이디어로 문제를 해결하는 엔비디아 CEO 황의 법칙

초판 1쇄 인쇄 2024년 9월 10일
초판 1쇄 발행 2024년 9월 23일

지은이 우중셴 | **옮긴이** 김외현

발행인 선우지운 | **편집** 이주희 | **디자인** 공중정원 | **표지 사진** 연합뉴스 | **마케팅** 김단희 | **제작** 예인미술

출판사 여의도책방 | **출판등록** 2024년 2월 1일 제2024-000018호
이메일 yidcb.1@gmail.com

ISBN 979-11-987010-8-4 03320

* 저자와 출판사의 허락 없이 내용의 일부를 인용하거나 발췌하는 것을 금합니다.
* 잘못되거나 파손된 책은 구입한 서점에서 바꾸어 드립니다.
* 책값은 뒤표지에 있습니다.